Einführung

in die

Ausgleichungsrechnung.

(Methode der kleinsten Quadrate.)

Leipzig und Wien
Franz Deuticke
1907.

Corrigenda.

S. 50, Gl. 36', lies $\frac{1}{\sqrt{[p]}}$ statt $\frac{1}{\sqrt{[p_2]}}$.

S. 59, Z. 22 von oben, lies § 29 statt § 28.

S. 61, Z. 19 von oben, lies 39 a) statt 39 b).

S. 72, Z. 7 von oben, lies $= C$ statt $+ C$.

S. 107, Z. 4 von unten, lies $+ \Delta_1 . v_1$ statt $+ \varrho \Delta_1 . v_1$

S. 114, Z. 7 von oben, lies § 40 statt § 39.

Einführung

in die

Ausgleichungsrechnung.

(Methode der kleinsten Quadrate.)

Von

Ingenieur Alfons Cappilleri,

Professor an der k. k. Staatsgewerbeschule in Reichenberg.

Leipzig und Wien

Franz Deuticke

1907.

Verlags-Nr. 1823.

K. u. K. Hofbuchdruckerei Karl Prochaska in Teschen.

Vorwort.

Die Wichtigkeit, welche die Ausgleichungsrechnung nach Einführung der numerischen Aufnahmsmethode in Österreich erlangt hat, ließ es dem Verfasser als wünschenswert erscheinen, die Grundlagen derselben unter Berücksichtigung der einschlägigen amtlichen Bestimmungen in lückenloser und dennoch möglichst einfacher Weise zu entwickeln. Um letzteren zwei Forderungen zu entsprechen mußten mitunter Lehrsätze der reinen Mathematik, von denen man oft nicht ganz mit Recht annimmt, daß sie jedem Leser eines Buches über Ausgleichungsrechnung geläufig seien, aufs Neue bewiesen werden, ohne die elementarsten Grundlehren der Differential- und Integralrechnung als ein festes und allgemeines Fundament zu verlassen. Die Beispiele, welche in den Text eingestreut sind, dienen nicht nur zur Erläuterung der theoretischen Entwicklungen, sondern auch gegebenenfalls zur Vorbereitung für die Behandlung von Fragen, die sich naturgemäß an sie knüpfen. Sie sind keine Muster an Beobachtungskunst. Sie sollen es auch nicht sein. Beispiele, bei welchen nicht alles glatt abläuft, geben nach der Ansicht des Verfassers einen besseren Überblick über Wesen und Wert der Rechnungsmethode — im einzelnen Falle auch über den Wert der Beobachtungsmethode — und wirken gewiß anregender als Musterbeispiele, bei welchen es nach ihrem programmäßigen Abschlusse nichts mehr zu denken gibt.

Die amtlichen Bestimmungen wurden nur beispielsweise, keineswegs erschöpfend gebracht, soweit eben, als sie mit den vorgetragenen Regeln der Ausgleichungsrechnung in Berührung stehen und als offizielle Anerkennung derselben betrachtet werden können.

Da es sich nach der Absicht des Verfassers lediglich um eine Einführung in die Ausgleichungsrechnung handelt, wurde die eigentliche Technik des Rechnens, die erst bei verwickelteren und umfangreicheren Aufgaben zur vollen Geltung kommt, ausgeschaltet. Diesem Prinzip mußte auch die Gaußsche Eliminationsmethode zum Opfer fallen. Wer sich über diese mehr formale Seite der Ausgleichungsrechnung gründlich belehren will, sei auf Jordans „Handbuch der Vermessungskunde, erster Band" verwiesen. Der spekulative Kopf wird hingegen in Czubers „Theorie der Beobachtungsfehler" reichliche Ausbeute finden und sich nebstbei an der historisch-kritischen, vollkommen objektiven Darstellung dieses interessanten Gebietes erfreuen.

Zum Schlusse sei es dem Verfasser erlaubt, an dieser Stelle seinem werten Freunde und ehemaligen Kollegen, Herrn Oberingenieur Sigmund Wellisch, gewesenem Assistenten der Lehrkanzel für höhere Geodäsie an der k. k. technischen Hochschule in Wien, für seine eifrige Mitwirkung bei der Schlußredaktion dieses Buches den wärmsten Dank zum Ausdrucke zu bringen.

Reichenberg, im Januar 1907.

Der Verfasser.

Inhalt.

I. Theorie der Beobachtungsfehler.

Seite

§ 1. Fehlerquellen 1
§ 2. Einteilung der Fehler nach Arten 3
§ 3. Elementarfehler 5
§ 4. Beispiel für das Zusammenwirken von Fehlern 6
§ 5. Allgemeine Entwicklung des Fehlergesetzes 7
§ 6. Ableitung der Stirlingschen Formel 8
§ 7. Fortsetzung der Ableitung des Fehlergesetzes 9
§ 8. Bestimmung der Konstante K 13
§ 9. Bedeutung der Konstante h als Genauigkeitsmaß 15
§ 10. Berechnung des Genauigkeitsmaßes h 17
§ 11. Vergleichung der drei Methoden zur Bestimmung von h . . . 20
§ 12. Beispiel für die rasche Abnahme der Wahrscheinlichkeit bei wachsendem Fehler 20
§ 13. Fehlergesetz einer linearen Funktion 21

II. Ausgleichungsrechnung.

A. Einleitung.

§ 14. Stellung der Aufgabe 24
§ 15. Prinzip der Ausgleichung 25

B. Ausgleichung direkter Beobachtungen gleicher Genauigkeit.

§ 16. Ableitung der Regel vom arithmetischen Mittel 27
§ 17. Bemerkungen über das arithmetische Mittel 28
§ 18. Ableitung des Fehlergesetzes aus dem arithmetischen Mittel als einem Axiom 30
§ 19. Mittlerer Fehler des arithmetischen Mittels 34
§ 20. Mittlerer Fehler einer Beobachtung 37
§ 21. Beispiel. Zwei Beobachtungsreihen ungleicher Genauigkeit . . 38

C. Ausgleichung direkter Beobachtungen ungleicher Genauigkeit.

§ 22. Ableitung der Regel vom Mittelwerte. Begriff des Gewichtes . 40
§ 23. Mittlerer Fehler des Mittelwertes 42
§ 24. Mittlerer Fehler der Gewichtseinheit 43
§ 25. Beispiel. Vereinigung der zwei Beobachtungsreihen des § 21 . 45

Seite

D. Mittlerer Fehler einer Funktion direkt beobachteter Größen.

§ 26. Ableitung der allgemeinen Formel 51
§ 27. Beispiel. Mittlerer Fehler einer barometrischen Höhenmessung . 52
§ 28. Mittlerer Fehler einer linearen Funktion. Das sogenannte Fehlerfortschreitungsgesetz 54
§ 29. Amtliche Vorschriften 55
§ 30. Zusammenstellung über mittlere Fehler und Gewichte einiger Arten von Messungen 57

E. Vermittelnde oder indirekte Beobachtungen.

§ 31. Erklärung der Aufgabe 62
§ 32. Allgemeine Entwicklung des Problems. Normalgleichungen . . 63
§ 33. Beispiele 69
§ 34. Mittlerer Fehler einer Gleichung 75
§ 35. Anwendung auf die Beispiele des § 33 77
§ 36. Mittlerer Fehler einer Unbekannten 80
§ 37. Anwendung auf die Beispiele des § 33 86
§ 38. Zusammenhang zwischen direkten und vermittelnden Beobachtungen 88

F. Bedingte Beobachtungen.

§ 39. Erklärung und allgemeine Entwicklung des Prinzips 90
§ 40. Die Substitutionsmethode 92
§ 41. Beispiele nach der Substitutionsmethode 92
§ 42. Vereinfachung der Substitutionsmethode und Beispiel 98
§ 43. Die Korrelatenmethode 100
§ 44. Beispiel nach der Korrelatenmethode 105
§ 45. Mittlere Fehler 114
§ 46. Beispiele 116
§ 47. Entscheidung über die Wahl der Substitutions- und der Korrelatenmethode bei direkten Beobachtungen 119
§ 48. Bestimmung der mittleren Fehler der Unbekannten nach erfolgter Ausgleichung durch die Korrelatenmethode 121
§ 49. Amtliche Vorschriften 129
Tabelle für die Funktion $\Phi\ (h\,a)$ 132

I. Theorie der Beobachtungsfehler.

§ 1. Fehlerquellen.

Jede feinere Beobachtung, die mit Hilfe eines geodätischen Instruments ausgeführt wird, führt im Grunde auf zwei Probleme: 1. Zwei Gerade sind zur Deckung zu bringen; 2. ein symmetrisches Gebilde ist durch eine Gerade zu halbieren. Das erste Problem, welches auch das Erkennen einer Koinzidenz (z. B. beim Gebrauche des Nonius) einschließt, kann nicht völlig genau durchgeführt werden, weil Punkte, die einander so nahe liegen, daß ihre Bilder auf ein einziges Netzhautstäbchen*) fallen, nicht mehr getrennt wahrgenommen werden können. Es ist also die Lösung dieses Grundproblems der Beobachtungskunst mit einem Fehler verknüpft, der — nach Angabe der Physiologen — bei normaler Sehschärfe 60″ erreichen kann. Durch Verwendung von Lupen oder Mikroskopen kann zwar dieser Fehler bedeutend verkleinert, aber doch nicht ganz beseitigt werden, da eine unendlichfache Vergrößerung aus naheliegenden Gründen nicht ausführbar ist.

Noch schlimmer steht es um die Lösung der zweiten Aufgabe. Hier kommt es nicht darauf an zu konstatieren, ob eine gewisse Größe (die Einstellungsdifferenz) vorhanden ist, sondern darauf, zwei nebeneinander befindliche Flächen in ihrer Größe zu vergleichen, wobei man sich entweder auf die trügerische Abschätzung der Intensität des Lichteindruckes (die größere „Hälfte“ sendet mehr Licht aus) oder auf das Muskelgefühl des Auges verlassen muß.

Manchmal handelt es sich darum, zwei Körper zur Berührung zu bringen, z. B. bei der Messung der Dicke einer

*) Ein ungeübter Beobachter nimmt zwei Punkte vielleicht erst dann als getrennt wahr, wenn sich ihre Zerstreuungskreise gar nicht berühren.

Platte, der Krümmung einer Linse, der Bewegung der Büchse eines Schraubenaneroids. Das Ergebnis einer solchen Messung wird mit Rücksicht auf die Elastizität aller Körper auch von dem Drucke beeinflußt, unter welchem die Berührung zu stande kommt. Bei feinen Messungen kann man sich nicht auf das Muskelgefühl der Hand verlassen, sondern konstatiert die unveränderte Größe des Druckes durch federnde Fühlhebel oder Spiegelablesung, so daß also auch diese Aufgabe auf das Grundproblem zurückgeführt erscheint.

Die Unvollkommenheit unserer Sinneswerkzeuge bedingt es also, daß Fehler von einer gewissen Kleinheit nicht bemerkt werden, so daß jede Beobachtung für gut gehalten werden kann, deren Fehler innerhalb der physiologisch begründeten Grenzen liegt. Die Gründe, welche uns bestimmen, eine Einstellung innerhalb jener Grenzen für die richtige zu halten, sind — scheinbar — vom Zufalle abhängig. Es läßt sich nicht einsehen, warum man z. B. bei der Einstellung des Fadenkreuzes auf einen Zielpunkt in einem gewissen Augenblicke Halt macht und nicht noch $^1/_{1000}$ Umdrehung der Mikrometerschraube hinzufügt. Wir können aber annehmen, daß auch auf diesem Gebiete nicht der blinde Zufall waltet, sondern das eherne Gesetz von Ursache und Wirkung, d. h., daß der augenblickliche Zustand unseres Geistes von dem unseres Körpers — bis zur einzelnen Zelle herab — bedingt wird, was nach meiner persönlichen Überzeugung die einzige widerspruchslose Erklärungsmöglichkeit physischer und psychischer Erscheinungen bietet ohne auf das Wesen alles Seins einzugehen, und welche ebensowohl neben materialistischer als auch rein idealistischer Weltanschauung bestehen kann.

Außer diesen subjektiven Fehlerquellen, welche innerhalb der physiologischen Erkennungsgrenzen ihr Spiel treiben, gibt es auch objektive, z. B. das ungleichförmige Aufsteigen der erwärmten Luft, wodurch im Fernrohre ein Zittern des Bildes entsteht, die Ausdehnung einzelner Instrumententeile infolge von Wärmeleitung oder -Strahlung (Teilungsfehler der Kreise), elastische Nachwirkung (alle Gegenfedern, nicht ausbalanciertes Fernrohr) und endlich der tote Gang aller Bewegungsmechanismen, der wieder auf elastische Nachwirkungen zurückführt, wenn nicht ein grober Fehler vorliegt (plötzliche Ausbiegung einer schlechten Gegenfeder bei der Stampferschen Schraube). Solche grobe Fehler, zu welchen auch ein Irrtum im Objekt, Verrücken des Instruments, Verzählen u. s. w. gehören, sind nicht Gegenstand der folgenden Untersuchungen.

§ 2. Einteilung der Fehler nach Arten.

Man teilt die Fehler gewöhnlich in zwei Klassen ein: regelmäßige und unregelmäßige.

Regelmäßige Fehler sind solche, welche unter denselben kontrollierbaren Umständen in gleicher Größe auftreten und in demselben Sinne auf das Meßergebnis wirken. Man nennt sie auch systematische Fehler, weil sie mit einem oder mit mehreren jener kontrollierbaren Umstände in einem systematischen, also theoretisch angebbaren Zusammenhange stehen.

Dazu gehören vor allem die Instrumentalfehler (unrichtige Länge der Latte, fehlerhafte Rektifikation der Instrumente). Sie sollen jedesmal erhoben und in Rechnung gestellt oder durch geeignete Beobachtungsmethoden eliminiert werden (Messung von Horizontalwinkeln in zwei Kreislagen, Nivellieren aus der Stationsmitte, Verwendung gewisser Hängezeuge an nicht eisenfreien Punkten, wobei die Ablenkung der Nadel durch Eisenmassen für beide Schnüre die gleiche bleibt u. s. w.). Manche Beobachter (Astigmatiker) haben die Eigenart, beim Halbieren stets in demselben Sinne um gleich viel zu fehlen. Dieser Fehler ist sozusagen ein Instrumentalfehler des Auges und fällt bei Winkelmessungen von selbst aus der Rechnung. Der „persönliche Fehler“ des Beobachters bei der Angabe des Augenblickes, in welchem ein Stern durch einen Faden geht, könnte als Instrumentalfehler des Gehirnes bezeichnet werden. Er spielt seit Einführung des Repsoldschen registrierenden Mikrometers keine Rolle mehr, da bei diesem Apparat nicht mehr der Zeitsinn, sondern der Ortssinn in Anspruch genommen wird.

Unregelmäßige Fehler sind solche, welche unter denselben kontrollierbaren Umständen in verschiedener Größe, auch mit verschiedenem Vorzeichen auftreten. Ja es wird sogar als ein Kriterium der unregelmäßigen oder zufälligen Fehler betrachtet, daß gleich große positive und negative Fehler gleich wahrscheinlich sind. Dies gilt aber nur von den primären unregelmäßigen Fehlern. Sekundäre Fehler, die sich auf primäre zurückführen lassen, weisen diese Eigenschaft nicht auf. So ist z. B. die Abweichung der Latte von der einzuhaltenden Richtung ein primärer Fehler; der Fehler, welcher dadurch in die Längenmessung hineingetragen wird, ist ein sekundärer Fehler. Gleich große positive und negative Werte sind hier keineswegs gleich wahrscheinlich, bei Latten mit Endschneiden sind die Fehler sogar durchwegs positiv*), also einseitig wirkend, ohne deshalb den Charakter von regelmäßigen Fehlern an sich zu tragen.

Die Einteilung der Fehler in regelmäßige und unregelmäßige ist zwar üblich, aber keineswegs streng. Das liegt in der Natur der Sache. Es muß der Beurteilung des einzelnen Falles überlassen bleiben, ob gewisse Umstände als maßgebend anzusehen sind, ob diese Umstände kontrollierbar erscheinen oder nicht. Demnach kann ein Fehler — je nach dem Falle — als regelmäßiger oder als unregelmäßiger angesprochen werden. So ist z. B. der Teilungsfehler eines Winkelmeßinstruments als regelmäßiger zu betrachten, wenn das Instrument fix montiert bleibt. (Man könnte den Fehler einer Ablesung von 1^0, 2^0, 3^0, ... ein- für allemal konstatieren und bei allen späteren Arbeiten in Rechnung bringen.) Er wird aber zum unregelmäßigen Fehler, wenn das Instrument mit der Nullrichtung einmal nach Nord, einmal nach Ost u. s. w. gestellt wird, wie es beim Übertragen des Instruments zufälliger-

*) Bei derartigen Angaben, wo das Vorzeichen eine wesentliche Rolle spielt, kommt es darauf an, in welchem Sinne der Unterschied genommen wurde. Man definiert gewöhnlich: Fehler = Beobachtungsgröße — Sollbetrag. Nimmt man den Unterschied im entgegengesetzten Sinne, so erhält man die Verbesserung: Verbesserung = Sollbetrag — Beobachtungsgröße.

weise geschieht. Man führt diesen Umstand auch absichtlich herbei, indem man (auf demselben Standpunkte bleibend) nach jedem Satze den Limbus um einen aliquoten Teil von 360° verdreht. Beim Repetitionstheodolit ergibt sich eine solche regelmäßige Verdrehung von selbst, wenn auch nicht in aliquoten Teilen von 360°.

Bei der Vollkommenheit der Instrumente und der Beobachtungsmethoden kann man annehmen, daß gut ausgeführte Beobachtungen sowohl im Ganzen als auch in den Teilen nur von primären unregelmäßigen Fehlern wesentlich beeinflußt sind. Dies ist sehr wichtig, denn die unregelmäßigen Fehler gehorchen, trotz ihres revolutionären Namens einem Gesetze, das auf Grund theoretischer Erwägungen berechnet werden kann und das sich in tausendfältiger Erfahrung vorzüglich bewährt hat.

§ 3. Elementarfehler.

Nach dem Gesetze von Ursache und Wirkung nimmt jeder Umstand, unter dem eine Beobachtung stattfindet, auf das Resultat Einfluß, sei es, daß er das Resultat vergrößere oder verkleinere. Der Gesamtfehler der Beobachtung stellt also die algebraische Summe einer Reihe von Elementarfehlern dar, von denen wir nichts wissen, als daß sie positiv oder negativ sein können. Die Existenz der Elementarfehler ist unzweifelhaft, sie ist eine notwendige Folge des Kausalitätsprinzips; ihre Natur hingegen wird immer unbekannt bleiben. Es ist also gestattet über die Elementarfehler eine Hypothese aufzustellen, deren Zulässigkeit durch die Übereinstimmung der theoretischen Folgerungen mit den Forderungen der Vernunft und den Ergebnissen der Praxis erhärtet wird. Die einfachste, wenn auch nicht allgemeinste Annahme ist folgende: 1. Die Elementarfehler sind gleich groß; 2. sie sind ebenso wahrscheinlich positiv als negativ; 3. ihre Anzahl ist sehr groß, geradezu „unendlich“.

Es handelt sich nun darum, die Wahrscheinlichkeit zu finden, daß der Gesamtfehler, d. i. die algebraische Summe der Elementarfehler, einen beliebig festgesetzten Betrag ausmache, oder anders ausgedrückt, es handelt sich um die Feststellung der Beziehung zwischen der Größe des Fehlers und der Wahrscheinlichkeit dieses Fehlers.

§ 4. Beispiel für das Zusammenwirken von Fehlern.

Nehmen wir 6 Elementarfehler von der Größe ε an, so können sich diese folgendermaßen gruppieren:

6	Fehler	positiv,	0	Fehler	negativ,	also	Gesamtfehler	$= 6\,\varepsilon$
5	„	„	1	„	„	„	„	$= 4\,\varepsilon$
4	„	„	2	„	„	„	„	$= 2\,\varepsilon$
3	„	„	3	„	„	„	„	$= 0$
2	„	„	4	„	„	„	„	$= -2\,\varepsilon$
1	„	„	5	„	„	„	„	$= -4\,\varepsilon$
0	„	„	6	„	„	„	„	$= -6\,\varepsilon$

Unter 64 Fällen wird der erste Fall 1mal eintreten, der zweite — entsprechend der Anzahl der Kombinationen von 6 Elementen zur ersten Klasse — 6mal, der dritte $\binom{6}{2} = 15$mal, der vierte $\binom{6}{3} = 20$mal, der fünfte $\binom{6}{4} = 15$mal, der sechste $\binom{6}{5} = 6$mal und der siebente Fall $\binom{6}{6} = 1$mal. Es ist daher die Wahrscheinlichkeit, daß der Fehler $6\,\varepsilon$ betrage: 1 gegen 64 oder $\frac{1}{64}$; die Wahrscheinlichkeit, daß der Fehler $4\,\varepsilon$ betrage: $\frac{6}{64}$; die Wahrscheinlichkeit, daß der Fehler $2\,\varepsilon$ betrage: $\frac{15}{64}$; die Wahrscheinlichkeit, daß der Fehler 0 betrage: $\frac{20}{64}$; u. s. w.

In nebenstehender Figur sind diese Ergebnisse graphisch dargestellt. Die Fehler sind als Abszissen aufgetragen, ihre Wahrscheinlichkeiten als Ordinaten. Man sieht, daß gleich große positive und negative Fehler gleich wahrscheinlich sind und daß die Wahrscheinlichkeit abnimmt, je größer der Fehler

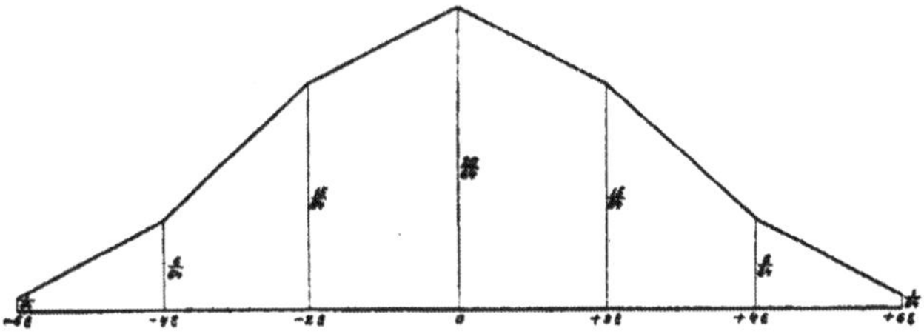

Fig. 1.

seinem absoluten Betrage nach wird. Das liegt in der Natur der Binomialkoeffizienten und entspricht auch unserer Erfahrung über Fehler im allgemeinen.

Will man den durchschnittlichen Fehler ϑ berechnen (wobei man das Vorzeichen der Fehler nicht beachtet), so muß man berücksichtigen, daß unter 64 Fällen der Fehler 6ε .. 2mal, der Fehler 4ε .. 12mal, der Fehler 2ε .. 30mal und der Fehler 0 .. 20mal auftritt. Der durchschnittliche Fehler beträgt daher dem absoluten Betrage nach

$$\vartheta = \frac{2 \, . \, 6\varepsilon + 12 \, . \, 4\varepsilon + 30 \, . \, 2\varepsilon + 20 \, . \, 0}{64} = \frac{120\,\varepsilon}{64} \doteq 2\,\varepsilon$$

Die Annahme von 6 Elementarfehlern ist offenbar eine sehr grobe Annäherung an die Wahrheit, denn es ist gewiß nicht zu erwarten, daß der Gesamtfehler, den man durch Nachmessen mit einem genaueren Instrument ermitteln könnte, überhaupt nur in der Größe 0, 2ε, 4ε oder 6ε auftreten werde. Überdies kann ein Elementarfehler ε, der halb so groß ist als der zu befürchtende durchschnittliche Fehler $\vartheta \doteq 2\varepsilon$, nicht gut als „Elementarfehler" bezeichnet werden. Wir wollen daher das recht anschauliche, aber den tatsächlichen Verhältnissen nicht entsprechende Gebiet der kleinen Zahlen verlassen und die Entwicklung allgemein für $2\,n$ Elementarfehler durchführen, wobei n eine „sehr große" Zahl bedeutet.

§ 5. Allgemeine Entwicklung des Fehlergesetzes.

Es sei $2\,n$ die Anzahl der Fehler ε, unter welchen fallweise 0, 1, 2, ... $2\,n$ negativ sein können. Die Häufigkeit, welche jedem Falle zukommt, entspricht der Kombinationszahl und ist also bezw. $\binom{2n}{0}$, $\binom{2n}{1}$, $\binom{2n}{2}$ . . . $\binom{2n}{2n}$.

Die Anzahl aller Fälle ist

$$\binom{2n}{0}+\binom{2n}{1}+\binom{2n}{2}+\ldots+\binom{2n}{2n}=(1+1)^{2n}=2^{2n}$$

Wir greifen nun aus allen diesen Fällen einen heraus, u. zw. den, wo $n+x$ positive ε mit $n-x$ negativen ε verbunden sind. Der Gesamtfehler ist (als arithmetische Summe) . . . $(n+x)\varepsilon-(n-x)\varepsilon=2x\varepsilon$. Die Häufigkeit einer solchen Verbindung ist die Kombinationszahl $\binom{2n}{n+x}$. Daher ist die Wahrscheinlichkeit des Gesamtfehlers $2x\varepsilon$:

$$\mathfrak{W}=\frac{\binom{2n}{n+x}}{2^{2n}} \quad \ldots\ldots\ldots \quad 1)$$

Der Ausdruck rechterhand ist zwar vermöge der symbolischen Schreibung recht kurz, aber keineswegs durchsichtig. Man kann sich keine Vorstellung machen, in welcher Weise der Ausdruck mit wachsendem n oder x variiert.

Wir machen zunächst die Umformung:

$$\binom{2n}{n+x}=\frac{(2n)!}{(n+x)!\,(n-x)!}.$$

Die Faktoriellen lassen sich nun nach der Stirlingschen Formel auf einfache Funktionen zurückführen.

§ 6. Ableitung der Stirlingschen Formel.

Es ist $z! = 1, 2, 3, \ldots z$, folglich nach Logarithmierung:

$$l(z!) = l\,1 + l\,2 + l\,3 + \ldots + l\,z.$$

Diese Reihe ist einer geometrischen Deutung fähig.

Schreibt man der Logistik eine gebrochene Linie ein, deren Eckpunkt die Abszissen 1, 2, 3, . . . z besitzen, so ist der Flächeninhalt f, welcher die gebrochene Linie mit der Abszissenachse einschließt, nach der sogenannten Trapezformel:

$$f = l\,2 + l\,3 + \ldots + \tfrac{1}{2}\,l\,z.$$

Addiert man zu beiden Seiten dieser Gleichung $\frac{1}{2}\, l\, z$, so ergibt sich

$$f + \tfrac{1}{2}\, l\, z = l\, 2 + l\, 3 + \ldots + l\, z = l\,(z!) \quad \ldots\ldots \quad 2)$$

Vermehrt man die Polygonfläche f um die Summe S der abgeschnittenen Segmentflächen, so erhält man die entsprechende Fläche F der Logistik zwischen den Abszissen 1 und z, die man aber durch Integration direkt entwickeln kann:

$$F = \int_1^z l\, z\, d\, z = z\, l\, z - z \Big|_1^z = z\, l\, z - z + 1.$$

Es ist also $f + S = z\, l\, z - z + 1$

oder $f = z\, l\, z - z + 1 - S$.

Setzt man diesen Wert für f in die Gleichung 2) ein, so kommt

$$l\,(z!) = z\, l\, z - z + 1 - S + \tfrac{1}{2}\, l\, z = (z + \tfrac{1}{2})\, l\, z - z + 1 - S$$

und daraus

$$z! = C\, z^{z + 1/2}\, e^{-z}$$

worin $C = e^{1 - S}$

Die Größe C ist keine Konstante, sondern eine Funktion von z, deren Wert aber mit wachsendem z immer langsamer abnimmt, weil sich die Kurve immer besser dem gebrochenen Linienzug anschließt.

Man könnte auf empirischem Wege die Zahl C mit genügender Genauigkeit bestimmen, wenn man die Gleichung $z! = C\, z^{z + 1/2}\, e^{-z}$ für ein großes z nach C auflöst. Man erhält z. B. für $z = 20 \ldots C = 2{\cdot}517$.

Ist in einem gegebenen Falle $z > 20$, so wird die Zahl $C = 2{\cdot}517$ zu große Werte für $z!$ liefern. Der Fehler wird aber mit wachsendem z verhältnismäßig immer kleiner werden, weil die Zuwüchse des Fehlers (d. s. die einzelnen Segmente) abnehmen, während die Zuwüchse des Hauptwertes (d. s. die Flächenstreifen) zunehmen.

Wir wollen also, weil es sich ja nur um eine Näherungsformel handelt, im folgenden die Relation

$$z! = C \,.\, z^{z + 1/2}\, e^{-z} \quad \ldots\ldots\ldots \quad 3)$$

beibehalten und werden später finden, daß sich C mit unendlich wachsendem z der Grenze $\sqrt{2\pi} = 2{\cdot}506\ldots$ nähert, was Stirling zuerst direkt nachgewiesen hat.

§ 7. Fortsetzung der Ableitung des Fehlergesetzes.

Durch Anwendung der Stirlingschen Formel erhält man die Wahrscheinlichkeit des Fehlers $2\,x\,\varepsilon$:

$$\mathfrak{W} = \frac{1}{2^{2n}} \cdot \frac{(2n)!}{(n-x)!\,(n+x)!} =$$

$$= \frac{1}{2^{2n}} \cdot \frac{C(2n)^{2n+{}^1\!/_2}\,e^{-2n}}{C(n-x)^{n-x+{}^1\!/_2}\,e^{-n+x} \cdot C(n+x)^{n+x+{}^1\!/_2}\,e^{-n-x}} =$$

$$= \frac{2^{\frac{1}{2}}}{C\,n^{\frac{1}{2}}\left(1-\frac{x}{n}\right)^{n-x+{}^1\!/_2}\left(1+\frac{x}{n}\right)^{n+x+{}^1\!/_2}} \quad \ldots\ldots\ldots \quad 4)$$

Man setzt nun $\left(1-\frac{x}{n}\right)^{n-x+{}^1\!/_2}\left(1+\frac{x}{n}\right)^{n+x+{}^1\!/_2} = \Pi$ und logarithmiert:

$$\log \Pi = \left(n-x+\tfrac{1}{2}\right)\log\left(1-\frac{x}{n}\right) + \left(n+x+\tfrac{1}{2}\right)\log\left(1+\frac{x}{n}\right) =$$

$$= \left(n-x+\tfrac{1}{2}\right)\left(-\frac{x}{n}-\frac{x^2}{2n^2}-\frac{x^3}{3n^3}-\frac{x^4}{4n^4}\cdots\right) +$$

$$+ \left(n+x+\tfrac{1}{2}\right)\left(+\frac{x}{n}-\frac{x^2}{2n^2}+\frac{x^3}{3n^3}-\frac{x^4}{4n^4}\cdots\right)$$

Nachdem ausmultipliziert und reduziert worden, ergibt sich

$$\log \Pi = \frac{x^2}{n} - \frac{x^2}{2n^2} + \frac{x^4}{6n^3} \ldots \text{ und somit}$$

$$\Pi = e^{-\frac{x^2}{n} + \frac{x^2}{2n^2} - \frac{x^4}{6n^3}\cdots}$$

Durch Einsetzen des Wertes von Π in die Gleichung 4) kommt

$$\mathfrak{W} = \frac{\sqrt{2}}{C\sqrt{n}}\,e^{-\frac{x^2}{n}+\frac{x^2}{2n^2}}$$

Berücksichtigt man, daß n eine sehr große Zahl ist und $x < n$, so darf man das Glied $\frac{x^2}{2n^2}$ neben $\frac{x^2}{n}$ vernachlässigen und erhält die Wahrscheinlichkeit für den Fehler $2x\varepsilon$:

$$\mathfrak{W} = \frac{\sqrt{2}}{C\sqrt{n}} e^{-\frac{x^2}{n}} \quad \ldots\ldots\ldots\ldots\ldots \quad 5)$$

Wenn x dem n nahe kommt, so wird die abgekürzte Formel allerdings Fehler aufweisen, die relativ bedeutend sind; da aber die Wahrscheinlichkeit in diesem Falle an sich sehr klein ist, so wird der absolute Fehler der abgekürzten Formel auch nur klein sein.

Wir wollen, um den Einfluß aller gemachten Vernachlässigungen zu prüfen, für $n = 3$ und für $x = 1$ setzen. Dann wird

$\mathfrak{W} = \frac{\sqrt{2}}{C\sqrt{3}} e^{-\frac{1}{3}} = 0{\cdot}2325$, während die strenge Rechnung nach Gleichung 1) gibt: $\mathfrak{W} = \frac{\binom{6}{4}}{2^6} = 0{\cdot}2344$, also nur 1% Unterschied, was bei einer so kleinen Zahl ($n = 3$) nicht viel zu bedeuten hat.

Setzt man aus der Relation für den Gesamtfehler $v = 2x\varepsilon$ den Wert $x = \frac{v}{2\varepsilon}$ in 5) ein, so kommt

$$\mathfrak{W} = \frac{\sqrt{2}}{C\sqrt{n}} e^{-\frac{v^2}{4\varepsilon^2 n}}$$

Das ist die Wahrscheinlichkeit, unter allen möglichen $2n$ Fehlern (nämlich 0, $\pm 2\varepsilon$, $\pm 4\varepsilon$, $\ldots \pm n\varepsilon$) gerade den Fehler $v = 2x\varepsilon$ zu begehen.

Die Wahrscheinlichkeit erscheint auch hier wie bei dem Beispiele in § 4 als diskrete Funktion, weil wir von der Voraussetzung ausgegangen sind, daß alle Elementarfehler genau gleich groß seien. Wenn nur ein einziger Elementarfehler ε um $\pm \frac{1}{2}\varepsilon$ höchstens schwankt, so werden bereits die Lücken in der Fehlerreihe ausgefüllt, so daß wir die Wahrscheinlichkeit 𝔚 für das ganze Intervall 2ε, also für $v-\varepsilon$ bis $v+\varepsilon$ gelten lassen können. Das Schaubild gibt dann nicht wie in Fig. 1 eine Reihe von zerstreuten Punkten, sondern einen treppenförmig gebrochenen Linienzug, den man durch eine Kurve ersetzen kann, wenn ε sehr klein ist. Dividiert man die Wahrscheinlichkeit 𝔚 durch das Intervall 2ε, so erhält man gewissermaßen die Wahrscheinlichkeit innerhalb des Intervalles 1*). Man nennt diese Größe die relative Häufigkeit des Fehlers v und bezeichnet sie mit dem Symbol $\varphi(v)$.

Es ist also $\varphi(v) = \frac{1}{2\varepsilon} \cdot \frac{\sqrt{2}}{C\sqrt{n}} e^{-\frac{v^2}{4\varepsilon^2 n}}$.

Setzt man zur Vereinfachung $\frac{1}{4\varepsilon^2 n} = h^2$ und $\frac{C}{\sqrt{2}} = K$, so läßt sich die relative Häufigkeit in der Form schreiben:

$$\varphi(v) = \frac{h}{K} e^{-h^2 v^2} \quad \ldots\ldots\ldots\ldots \quad 6)$$

Dieses Fehlergesetz, welches zuerst von Karl Friedrich Gauß abgeleitet wurde, zeigt auf den ersten Blick, daß die Wahrscheinlichkeit gleich großer positiver oder negativer Fehler die gleiche ist, ferner, daß die Wahrscheinlichkeit mit wachsendem Fehler abnimmt, anfangs (in der Nähe von $v = o$) langsam, später rapid.

Wenn auch die Grundlagen, auf welchen es aufgebaut ist, angezweifelt werden können, so muß es doch als dasjenige angesehen werden, welches sich der Gesamtheit aller tatsächlich vorkommenden Fehlerreihen am besten anzuschmiegen scheint, wofür eine vieltausendfältige Erfahrung spricht, von der astronomischen Ausgleichung bis zu den Fehlern bei militärischen Schießübungen.**)

---

*) Man denke sich dabei die Beobachtungen so beschaffen, daß der Fehler v alle Stellen der natürlichen Zahlenreihe einnehmen kann, was z. B. eintritt, wenn auf *mm* abgelesen wird. Die Wahrscheinlichkeit, den Fehler „12 *mm*" z. B. zu machen, ist dann mit der Wahrscheinlichkeit eines Fehlers zwischen $11\frac{1}{2}$ und $12\frac{1}{2}$ *mm* identisch. In diesem Sinne nennen manche Autoren die Funktion $\varphi(v)$ geradezu die „Wahrscheinlichkeit des Fehlers v".

**) Gauß' zutreffende Berechnung der Bahnelemente der Ceres aus einem kleinen Bogen bildete die erste glänzende Probe für die Güte der

§ 8. Bestimmung der Konstante *K*.

Die Wahrscheinlichkeit, daß der Fehler zwischen v und $v+1$ liegt, wobei die Einheit „1" als eine sehr kleine Größe (die Grenze der Beobachtungsmöglichkeit, z. B. 0·01 *mm*) zu betrachten ist, ergibt sich nach § 7 als $\varphi(v) = \frac{h}{K} e^{-h^2 v^2}$. Die Wahrscheinlichkeit, daß er zwischen v und $v + dv$ liege, ist folglich $\varphi(v)\, dv = \frac{h}{K} e^{-h^2 v^2} dv$. Die Wahrscheinlichkeit, daß der Fehler zwischen den Grenzen $-\infty$ und $+\infty$ liege, läßt sich also als Integral darstellen:

$$W = \int_{-\infty}^{+\infty} \frac{h}{K} e^{-h^2 v^2} dv = \frac{1}{K} \int_{-\infty}^{+\infty} e^{-h^2 v^2} d(hv)$$

Das bestimmte Integral, das wir auch in der Form $\int_{-\infty}^{+\infty} e^{-z^2} dz$ schreiben können, läßt sich aber auf anderem Wege entwickeln. Man kommt sozusagen zufällig darauf, wenn man die Kubatur der Fläche berechnet, die durch Rotation der Kurve $u = e^{-z^2}$ um ihre Symmetrieachse $(z = o)$ entsteht. Denkt man sich den Körper in Hohlzylinder vom Radius z, der Wandstärke dz und der Höhe e^{-z^2} zerlegt, so ergibt sich sein Volumen als

$$V = \int_0^{\infty} 2\pi z\, dz \,.\, e^{-z^2} = -\pi \int_0^{\infty} e^{-z^2} d(-z^2) = -\pi \Big[e^{-z^2} \Big]_0^{\infty} =$$

$= -\pi(0-1) = \pi$. Berechnet man den Körper anderseits

---

auf dem Fehlergesetz basierenden Methode der kleinsten Quadrate. Eine direkte Prüfung des Fehlergesetzes wurde vorgenommen von Bessel (über 1000 Beobachtungen), Guarducci (Schlußfehler von über 2000 Dreiecken), Jordan (Vorkommen der Nulle an sechster Dezimalstelle von 30.000 Logarithmen), Bertrand (Fehler bei 1000 Schüssen auf die Scheibe). Der Begriff des Fehlers wurde von Fechner auf sogenannte Kollektivgegenstände übertragen, u. zw. als Abweichung des Individuums vom Mittel (Länge von Getreidehalmen, Brustumfang von Rekruten u. s. w.). Auch hier hat sich das Gaußsche Gesetz (mit einer gewissen Modifikation) sehr gut bewährt.

durch Zerlegung in Differenzialprismen von der Basis $dx.dy$ und der Höhe e^{-z^2}, so ergibt sich das Volumen

$$V = \int_{-\infty}^{+\infty}\int_{-\infty}^{+\infty} e^{-z^2}\, d\,x\, d\,y = \int_{-\infty}^{+\infty}\int_{-\infty}^{+\infty} e^{-x^2-y^2}\, d\,x\, d\,y =$$

$$= \int_{-\infty}^{+\infty}\left[\int_{-\infty}^{+\infty} e^{-y^2}\, d\,y\right] e^{-x^2}\, d\,x.$$

Da ein bestimmtes Integral eine Summe vorstellt, so hätte man also, um V zu finden, alle Größen von der Art $e^{-y^2}\,dy$ zu summieren, die Summe mit allen Größen von der Art $e^{-x^2}\,d\,x$ zu multiplizieren und die erhaltenen Produkte zu addieren. Man erkennt leicht, daß dieser Vorgang die bekannte Regel darstellt, wie eine Summe mit einer Summe multipliziert wird. Es kann also das Doppelintegral zwischen konstanten Grenzen als Produkt zweier unendlicher Summen, d. h. zweier einfacher Integrale aufgefaßt werden.

$$V = \int_{-\infty}^{+\infty} e^{-x^2}\, d\,x\,.\int_{-\infty}^{+\infty} e^{-y^2}\, d\,y.$$

Da es bei einem bestimmten Integrale auf die Bezeichnung der Variablen nicht ankommt, so ist

$$\int_{-\infty}^{+\infty} e^{-x^2}\, d\,x = \int_{-\infty}^{+\infty} e^{-y^2}\, d\,y = \int_{-\infty}^{+\infty} e^{-z^2}\, d\,z$$

zu setzen. Es ergibt sich also

$$\int_{-\infty}^{+\infty} e^{-z^2}\, d\,z = \sqrt{V} = \sqrt{\pi}, \text{ somit auch}$$

$$\int_{-\infty}^{+\infty} e^{-h^2 v^2}\, d\,(h\,v) = \sqrt{\pi}.$$

Setzt man dies in obige Gleichung für W ein, so kommt

$$W = \frac{1}{K}\sqrt{\pi}.$$

Nun ist aber die Wahrscheinlichkeit W, daß der Fehler zwischen $-\infty$ und $+\infty$ liegt, mit der Gewißheit identisch, überhaupt einen Fehler zu begehen, also gleich der Einheit.

Man kann daher setzen

$1 = \frac{1}{K}\sqrt{\pi}$ und daraus $K = \sqrt{\pi}$, so daß wir von nun an die Wahrscheinlichkeitsfunktion oder das Fehlergesetz in der Form schreiben wollen

$$\varphi(v) = \frac{h}{\sqrt{\pi}} e^{-h^2 v^2} \quad \ldots\ldots \quad 7)$$

Da $\frac{C}{\sqrt{2}} = K$ und $K = \sqrt{\pi}$, so ergibt sich auf diesem Wege $C = \sqrt{2\pi} = 2{\cdot}506\ldots$ als Grenzwert für unendlich wachsendes z.

Es mag auffallend erscheinen, daß die Wahrscheinlichkeitsfunktion in dieser Form auch die Möglichkeit unendlich großer Fehler zuläßt, ja — bei Bestimmung des Wertes von K — sich geradezu auf diese Möglichkeit stützt. Doch ist davon kein Schade zu befürchten. Es wird später gezeigt werden, daß die Funktion $\varphi(v)$ für Werte des Arguments, welche einen gewissen plausiblen Mittelwert des v (etwa den durchschnittlichen Fehler) nur um das 3—4fache übertreffen, so außerordentlich klein wird, daß sie nach ihrem Werte von da an füglich ganz außer acht gelassen werden kann. Wollte man für den Fehler solche endliche Grenzen festsetzen, so würde sich nicht viel ändern: das bestimmte Integral $\int_{-\infty}^{+\infty} e^{-h^2 v^2}\, d(hv)$ würde nicht genau $\sqrt{\pi}$ sein, daher auch die Konstante K von jenem festen Werte ein wenig abweichen.

§ 9. Bedeutung der Konstante *h* als Genauigkeitsmaß.

Die Konstante $h = \frac{1}{2\varepsilon\sqrt{n}}$ ist von der Größe und der Anzahl der Elementarfehler abhängig, sie hat also für alle Beobachtungen, die unter denselben Umständen ausgeführt werden, einen bestimmten Wert. Ihre Benennung ist mit der

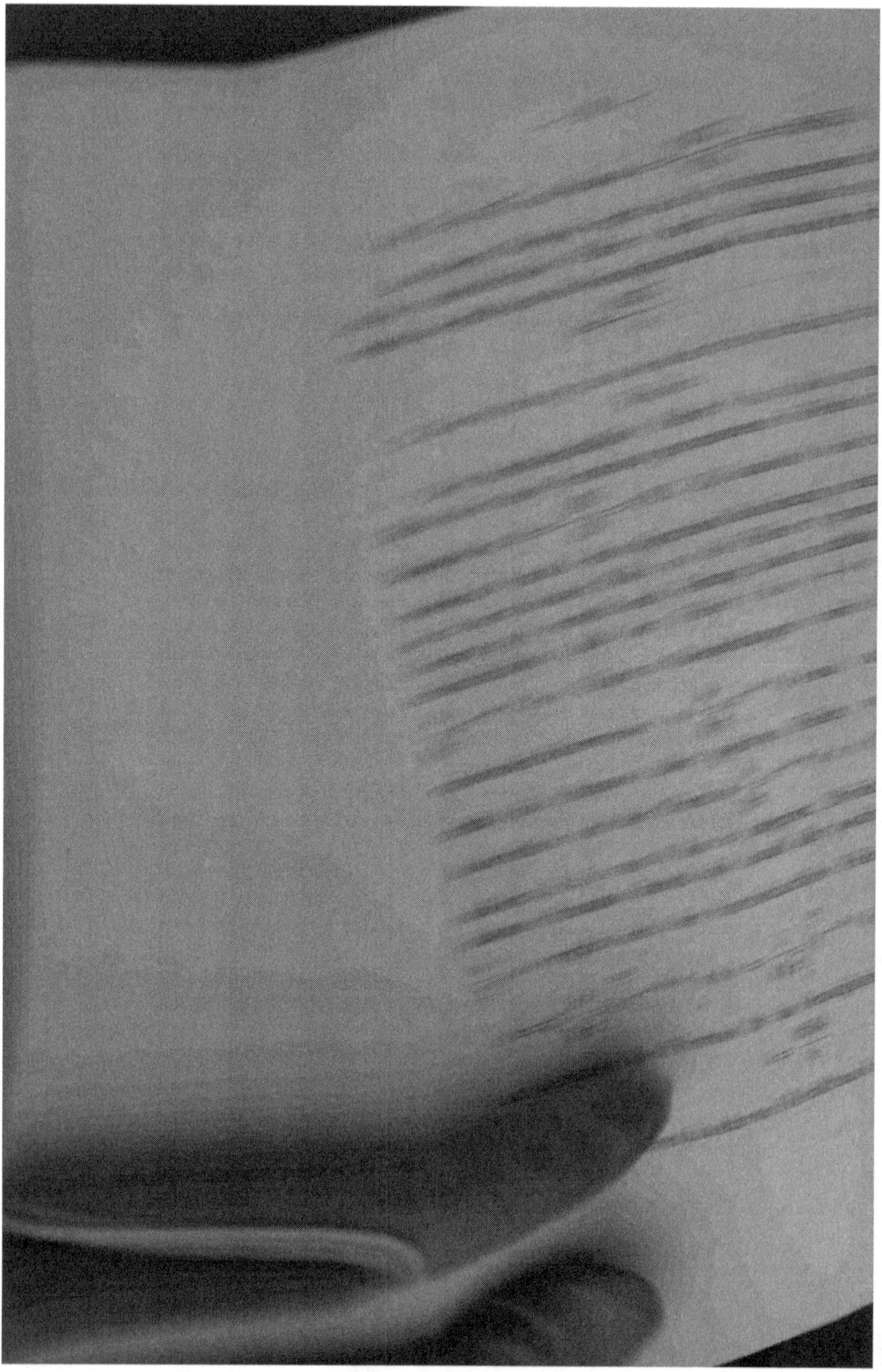

3. Berechnung aus dem mittleren Fehler.

Unter dem mittleren Fehler versteht man nach Gauß die Quadratwurzel aus der Summe der Hoffnungswerte aller Fehlerquadrate, so wie man den durchschnittlichen Fehler als die Summe der Hoffnungswerte der Fehler selbst (ohne Rücksicht auf das Vorzeichen) definieren könnte.

In unserem konkreten Falle ist das Quadrat des ersten Fehlers $(-34)^2$, dessen Wahrscheinlichkeit $= \frac{1}{16}$, also der Hoffnungswert des ersten Fehlerquadrats $\frac{34^2}{16}$. Ebenso ergibt sich der Hoffnungswert des zweiten Fehlerquadrats $\frac{22^2}{16}$ u. s. f. Man erhält also den mittleren Fehler, indem man die Summe aller Fehlerquadrate durch die Anzahl der Fehler dividiert und aus dem Quotienten die Quadratwurzel zieht. Es ergibt sich

$$\mu = \sqrt{\frac{3667}{16}} = 15{\cdot}1.$$

Es handelt sich wieder darum, zwischen μ und h eine allgemeine Beziehung aufzustellen, wie sie in dem idealen Falle, wo die Fehler genau nach dem Gesetze $\varphi(v)$ verteilt sind, Geltung hat.

Der Hoffnungswert d. Fehlerquadrats v^2 ist $v^2 \cdot \frac{h}{\sqrt{\pi}} e^{-h^2 v^2} d\, v$, der durchschnittliche Wert μ^2 aller v^2 ist also:

$$\mu^2 = \int_{-\infty}^{+\infty} v^2 \frac{h}{\sqrt{\pi}} e^{-h^2 v^2} d\, v = \frac{h}{\sqrt{\pi}} \int_{-\infty}^{+\infty} v \cdot e^{-h^2 v^2} v\, d\, v =$$

$$= \frac{-1}{2\, h \sqrt{\pi}} e^{-h^2 v^2} v \Big|_{-\infty}^{+\infty} + \frac{1}{2\, h \sqrt{\pi}} \int_{-\infty}^{+\infty} e^{-h^2 v^2} d\, v =$$

$$= \frac{1}{2\, h^2 \sqrt{\pi}} \int_{-\infty}^{+\infty} e^{-h^2 v^2} d\,(h\, v) = \frac{1}{2 h^2 \sqrt{\pi}} \cdot \sqrt{\pi} = \frac{1}{2\, h^2}$$

Folglich $\mu = \frac{1}{h\sqrt{2}}$ und $h = \frac{1}{\mu\sqrt{2}} = \frac{0{\cdot}707}{\mu}$ . . . . 11) des Fehlers v reziprok, was man leicht einsieht, wenn man den Ausdruck $\varphi(v)\,d\,v = \frac{h}{\sqrt{\pi}}\,e^{-h^2 v^2}\,d\,v$, das ist die Wahrscheinlichkeit, daß der Fehler zwischen v und $v + d\,v$ liegt, auf seine Dimension untersucht. Es wird unter obiger Voraussetzung (und nur dann) der Exponent $-h^2 v^2$ von e und auch der Faktor $h\,d\,v$ eine unbenannte Zahl, folglich auch der ganze Ausdruck für die Wahrscheinlichkeit, wie es ja auch sein muß. Man kann schon aus der Reziprozität von h und v vermuten, daß h ein Maß für die Genauigkeit der Beobachtungen darstellt. Dies wird aber erst ganz klar, wenn man zwei Beobachtungsreihen mit verschiedenem h auf die Wahrscheinlichkeit vergleicht, daß die Fehler innerhalb gewisser Grenzen liegen.

Bei der ersten Beobachtungsreihe ist die Wahrscheinlichkeit, daß der Fehler v zwischen $-a$ und $+a$ liegt, gegeben durch

$$W_{-a}^{+a} = \frac{h}{\sqrt{\pi}} \int_{-a}^{+a} e^{-h^2 v^2}\,d\,v = \frac{1}{\sqrt{\pi}} \int_{-a}^{+a} e^{-h^2 v^2}\,d\,(h\,v)$$

Das unbestimmte Integral $\int e^{-(h v)^2}\,d\,(h\,v)$ ist eine Funktion von $(h\,v)$, ebenso wie $\int e^{-x^2}\,d\,x$ eine Funktion von x ist. Setzt man die Grenzen ein, also statt v einmal $+a$ und dann $-a$, so ergibt sich das bestimmte Integral als eine Funktion von $(h\,a)$ und man schreibt

$$W_{-a}^{+a} = \Phi\,(h\,a) \quad \ldots\ldots\ldots \quad 8)$$

wobei die Konstante $\frac{1}{\sqrt{\pi}}$ in die Funktion Φ einbezogen ist. Die Funktion $\Phi\,(h\,a)$ wurde durch Reihenentwicklung für einzelne Argumentwerte (z. B. $h\,a = 0{\cdot}1$, $h\,a = 0{\cdot}2, \ldots$) berechnet und in Tafeln gebracht.*)

Bei der zweiten Beobachtungsreihe ist die Wahrscheinlichkeit, daß der Fehler zwischen $-a'$ und $+a'$ liegt, durch den Ausdruck $W_{-a'}^{+a'} = \Phi\,(h'\,a')$ gegeben.

---

*) Eine Tafel für $\Phi\,(h\,a)$ befindet sich am Schlusse des Buches.

Soll die Wahrscheinlichkeit in beiden Fällen die gleiche sein, so muß $\Phi(h\,a) = \Phi(h'\,a')$, also $h\,a = h'\,a'$ sein.

Dies tritt ein, wenn z. B. $h' = n\,h$ und zugleich $a' = \frac{1}{n}\,a$.

Bei der zweiten Beobachtungsreihe müssen die Grenzen also n-mal enger liegen; es wird daher niemand anstehen, diese Beobachtungen als n-mal genauer zu bezeichnen, so daß die Konstante h wirklich unserem Sprachgefühle entsprechend als Maß der Genauigkeit bezeichnet werden kann.

§ 10. Berechnung des Genauigkeitsmaßes h.

Nachdem h von der Genauigkeit der Beobachtung abhängt, nimmt es für jede Beobachtungsreihe in der Regel einen anderen Wert an. Die Berechnung von h kann daher nicht aus den allgemeinen Eigenschaften der Wahrscheinlichkeitsfunktion erschlossen werden, sondern sie muß sich auf einen konkreten Fall stützen, wo numerische Beobachtungen oder Messungen vorliegen. Es gibt drei Methoden der Berechnung von h, die im folgenden an einem Zahlenbeispiele vorgeführt werden sollen.

1. Berechnung aus dem wahrscheinlichen Fehler,

Bei der Einstellung einer Latte in die zu messende Gerade wurden folgende seitliche Abweichungen gemessen: — 34, — 22, — 15, — 11, — 7, — 5, — 5, — 2, + 1, + 2, + 4, + 7 + 10 + 14, + 19, + 29. Die Grenze, die der Fehler eben so oft überschreitet als nicht, nennt man den wahrscheinlichen Fehler.

Man findet in diesem Beispiele durch Abzählen von den Enden aus, daß die Hälfte aller Fehler zwischen den Grenzen — 9 und + 8·5 liegt. Der wahrscheinliche Fehler ist also hier (im Mittel genommen) 8·75. Man könnte dies auch so ausdrücken: die Wahrscheinlichkeit, daß der Fehler zwischen — 8·75 und + 8·75 liege, ist $\frac{1}{2}$. Die Tabelle ergibt aber durch Interpolation, daß $h\,a = 0{\cdot}477$ sein müsse, damit $\Phi(h\,a)$, d. h. jene Wahrscheinlichkeit, gleich $\frac{1}{2}$ werde. Es ist also, wenn man $a = 8{\cdot}75$ setzt,

$h\,8{\cdot}75 = 0{\cdot}477$ und daraus $h = \frac{0{\cdot}477}{8{\cdot}75} = 0{\cdot}055.$

Aus diesem Beispiele ergibt sich die allgemeine Regel: ist der wahrscheinliche Fehler r durch Abzählen gefunden worden, so erhält man das Genauigkeitsmaß h nach der Formel:

$$h = \frac{0{\cdot}477}{r} \quad \ldots\ldots\ldots\ldots \quad 9)$$

2. Berechnung aus dem durchschnittlichen Fehler.

Der durchschnittliche Fehler ϑ ist das arithmetische Mittel aller ohne Vorzeichen genommenen Fehler. In unserem Beispiele ist $\vartheta = \frac{187}{16} = 11{\cdot}7$. Es handelt sich nun darum zwischen ϑ und h eine allgemeine Beziehung aufzustellen, wie sie in dem idealen Falle, wo die Fehler v genau nach dem Gesetze $\varphi(v)$ verteilt sind, Geltung haben müßte. Die Wahrscheinlichkeit, daß der Fehler v bis $v + dv$ betrage, ist $\frac{h}{\sqrt{\pi}} e^{-h^2 v^2}\, dv$. Unter n Beobachtungen wird dieser Fehler wahrscheinlicherweise $n \frac{h}{\sqrt{\pi}} e^{-h^2 v^2}\, dv$-mal auftreten. Man erhält die Summe aller positiven Fehler, wenn man alle Ausdrücke von der Form $n \frac{h}{\sqrt{\pi}} e^{-h^2 v^2}\, dv \,.\, v$ (für positive v) addiert, d. h. von 0 bis ∞ integriert. Dividiert man die erhaltene Summe durch die Anzahl aller positiven Fehler, d. i. $\frac{n}{2}$, so ergibt sich der durchschnittliche Fehler ϑ:

$$\vartheta = 2\frac{h}{\sqrt{\pi}} \int_0^\infty e^{-h^2 v^2}\, v\, dv = \frac{1}{h\sqrt{\pi}} \int_0^\infty e^{-h^2 v^2}\, d(h^2 v^2) = \frac{1}{h\sqrt{\pi}}$$

und daraus die Formel für das Genauigkeitsmaß:

$$h = \frac{0{\cdot}564}{\vartheta} \quad \ldots\ldots\ldots\ldots \quad 10)$$

Für unseren konkreten Fall erhält man $h = \frac{0{\cdot}564}{11{\cdot}7} = 0{\cdot}048.$

3. Berechnung aus dem mittleren Fehler.

Unter dem mittleren Fehler versteht man nach Gauß die Quadratwurzel aus der Summe der Hoffnungswerte aller Fehlerquadrate, so wie man den durchschnittlichen Fehler als die Summe der Hoffnungswerte der Fehler selbst (ohne Rücksicht auf das Vorzeichen) definieren könnte.

In unserem konkreten Falle ist das Quadrat des ersten Fehlers $(-34)^2$, dessen Wahrscheinlichkeit $= \frac{1}{16}$, also der Hoffnungswert des ersten Fehlerquadrats $\frac{34^2}{16}$. Ebenso ergibt sich der Hoffnungswert des zweiten Fehlerquadrats $\frac{22^2}{16}$ u. s. f. Man erhält also den mittleren Fehler, indem man die Summe aller Fehlerquadrate durch die Anzahl der Fehler dividiert und aus dem Quotienten die Quadratwurzel zieht. Es ergibt sich

$$\mu = \sqrt{\frac{3667}{16}} = 15{\cdot}1.$$

Es handelt sich wieder darum, zwischen μ und h eine allgemeine Beziehung aufzustellen, wie sie in dem idealen Falle, wo die Fehler genau nach dem Gesetze $\varphi(v)$ verteilt sind, Geltung hat.

Der Hoffnungswert d. Fehlerquadrats v^2 ist $v^2 . \frac{h}{\sqrt{\pi}} e^{-h^2 v^2} d\, v$, der durchschnittliche Wert μ^2 aller v^2 ist also:

$$\mu^2 = \int_{-\infty}^{+\infty} v^2 \frac{h}{\sqrt{\pi}} e^{-h^2 v^2} d\, v = \frac{h}{\sqrt{\pi}} \int_{-\infty}^{+\infty} v \,.\, e^{-h^2 v^2} v\, d\, v =$$

$$= \frac{-1}{2\, h \sqrt{\pi}} e^{-h^2 v^2} v \Big|_{-\infty}^{+\infty} + \frac{1}{2\, h \sqrt{\pi}} \int_{-\infty}^{+\infty} e^{-h^2 v^2} d\, v =$$

$$= \frac{1}{2\, h^2 \sqrt{\pi}} \int_{-\infty}^{+\infty} e^{-h^2 v^2} d\,(h\, v) = \frac{1}{2 h^2 \sqrt{\pi}} \cdot \sqrt{\pi} = \frac{1}{2\, h^2}$$

Folglich $\mu = \frac{1}{h\sqrt{2}}$ und $h = \frac{1}{\mu\sqrt{2}} = \frac{0{\cdot}707}{\mu}$ . . . . . 11)

In unserem konkreten Falle, wo $\mu = 15{\cdot}1$, kommt $h = \frac{0{\cdot}707}{15{\cdot}1} = 0{\cdot}0468$.

§ 11. Vergleichung der drei Methoden zur Bestimmung von *h*.

Die in § 10 vorgeführten Methoden zur Berechnung des Genauigkeitsmaßes ergeben im allgemeinen differierende Resultate, weil eben die wirklich begangenen Fehler sich in ihrer Größe und Verteilung nicht genau so wie ideale Fehler verhalten, welche dem Gesetze $\varphi(v)$ entsprechen. Je besser die Übereinstimmung ist, desto größer ist die Wahrscheinlichkeit, daß die Fehler dem theoretischen Gesetze folgen, daß also keine nennenswerten regelmäßigen oder sekundären unregelmäßigen Fehler unterlaufen sind. Dabei mag noch bemerkt werden, daß die erste Methode am wenigsten zuverlässig ist; wenn die Fehler, welche außerhalb der Grenzen $-r$ und $+r$ liegen, selbst das Zehnfache ihres faktischen Wertes betrügen, so würde dies auf den wahrscheinlichen Fehler keinen Einfluß üben, obwohl eine solche Beobachtungsreihe offenbar als viel schlechter bezeichnet werden müßte, was sich auch im durchschnittlichen und insbesondere im mittleren Fehler (als dem empfindlichsten) sehr kenntlich machen würde.

Faßt man die Formeln 10) und 11) zusammen, so ergeben sich die Relationen

$$\left.\begin{aligned} \mu &\doteq 1{\cdot}25\ \vartheta \\ \vartheta &\doteq 0{\cdot}8\ \ \mu \end{aligned}\right\} \quad \ldots\ldots\ldots \quad 12)$$

Sind diese erfüllt, so kann man bereits mit einer gewissen Beruhigung auf die Güte der Beobachtungen schließen.

§ 12. Beispiel für die rasche Abnahme der Wahrscheinlichkeit bei wachsendem Fehler.

Die Wahrscheinlichkeit $\mathfrak{W}$, den durchschnittlichen Fehler ϑ bis $\vartheta + d\,\vartheta$ zu begehen, ist $\mathfrak{W} = \frac{h}{\sqrt{\pi}}\, e^{-h^2\vartheta^2} d\,\vartheta$. Die Wahrscheinlichkeit, den Fehler $v = 3\,\vartheta$ bis $3\,\vartheta + d\,\vartheta$ zu machen, ist $\mathfrak{W}_1 = \frac{h}{\sqrt{\pi}} e^{-h^2 9 \vartheta^2} d\vartheta$. Es ist also $\mathfrak{W} : \mathfrak{W}_1 = e^{+8 h^2 \vartheta^2} =$ $= e^{8 \cdot 0\cdot564^2} = 12\cdot77$, wenn man nach Gleichung 10) $h\vartheta = 0\cdot564$ setzt. Man sieht, daß die Wahrscheinlichkeit, einen Fehler zu begehen, der gerade 3mal so groß ist als der durchschnittliche Fehler, beinahe 13mal kleiner ist. (Das Beispiel in § 4 gibt für diese Verhältniszahl rund 15, was mit Rücksicht auf die geringe Zahl von 6 Elementarfehlern eine leidlich gute Übereinstimmung genannt werden kann.)

Die „Unwahrscheinlichkeit" großer Fehler ersieht man noch besser aus folgendem. Die Wahrscheinlichkeit, daß ein Fehler zwischen $-v$ und $+v$ liege, beträgt $\Phi(hv)$. Die Wahrscheinlichkeit W, daß er außerhalb jener Grenzen liege, $W = 1 - \Phi(hv)$. Setzt man $v = r = \frac{0\cdot477}{h}$, so wird $W_r = 1 - \Phi(0\cdot477) =$ $= 1 - {}^1/_2 = {}^1/_2$. Setzt man anderseits $v = 3r$ bezw. $v = 5r$, so wird $W_{3r} = 1 - \Phi(1\cdot431) = 1 - 0\cdot957 = 0\cdot043$ bezw. $W_{5r} = 1 - \Phi(2\cdot385) = 1 - 0\cdot999 = 0\cdot001$. Die Wahrscheinlichkeit, einen Fehler zu begehen, der mehr als 5mal so groß ist als der wahrscheinliche Fehler, ist also schon außerordentlich klein.

§ 13. Fehlergesetz einer linearen Funktion.

Wir nehmen vorläufig die einfachste Funktion an: $x + y = z$. Der Fehler von x sei v_1, der Fehler von y sei v_2; dann lautet das Fehlergesetz für den ersten $\varphi(v_1) = \frac{h_1}{\sqrt{\pi}} e^{-h_1^2 v_1^2}$, für den zweiten $\varphi(v_2) = \frac{h_2}{\sqrt{\pi}} e^{-h_2^2 v_2^2}$. Es handelt sich darum, für den durch Addition entstehenden Fehler $v_1 + v_2 = v$ ein Gesetz zu finden.

Die Wahrscheinlichkeit des Fehlers v_1 bis $v_1 + \alpha$ ist $\frac{h_1}{\sqrt{\pi}} e^{-h_1^2 v_1^2} \alpha$, die Wahrscheinlichkeit des Fehlers v_2 bis $v_2 + \alpha$ ist $\frac{h_2}{\sqrt{\pi}} e^{-h_2^2 v_2^2} \alpha$.

Die zusammengesetzte Wahrscheinlichkeit, daß beide Fehler zugleich eintreten, ist bekanntlich das Produkt der Einzelwahrscheinlichkeiten, also

$$\frac{h_1 h_2}{\sqrt{\pi}\sqrt{\pi}} e^{-h_1^2 v_1^2 - h_2^2 v_2^2} \alpha . \alpha = \mathfrak{W}_{1,2} = \frac{h_1 h_2}{\pi} e^{-h_1^2 v_1^2 - h_2^2 (v - v_1)^2} \alpha . \alpha.$$

Die Wahrscheinlichkeit $\mathfrak{W}_{1,2}$ ist ein unendlich Kleines zweiter Ordnung, da sie nur für das Zusammentreffen eines besonderen Paares von Fehlern v_1 und $v_2 = v - v_1$ gilt. Da wir theoretisch das Gebiet der Fehler ins Unendliche uns erstreckt denken, gibt es auch unendlich viele solcher Paare von Fehlern, die der Bedingung genügen, daß ihre Summe v sei (oder um ein Differenziale davon verschieden). Die Wahrscheinlichkeit, daß überhaupt einer jener Fälle eintrete, ist die Summe der Ausdrücke $\mathfrak{W}_{1,2}$, worin v_1 — sich stufenweise um α ändernd — alle Werte von $-\infty$ bis $+\infty$ durchläuft, d. h. es ist das Integrale von $-\infty$ bis $+\infty$, wenn man ein α durch $d\,v_1$ ersetzt. Also:

$$\mathfrak{W} = \frac{h_1 h_2}{\pi} \alpha \int_{-\infty}^{+\infty} e^{-h_1^2 v_1^2 - h_2^2 (v - v_1)^2} d\,v_1 =$$

$$= \frac{h_1 h_2}{\pi} \alpha \int_{-\infty}^{+\infty} e^{-(h_1^2 + h_2^2) v_1^2 + 2 h_2^2 v v_1 - h_2^2 v} d\,v_1.$$

Die Exponentialfunktion läßt sich umformen. Man setzt zu diesem Behufe

$$(h_1^2 + h_2^2) v_1^2 - 2 h_2^2 v v_1 + h_2^2 v^2 = (p v_1 - q)^2 + r$$

Daraus folgt nach dem Satze von den gleichen Koeffizienten

$$p = \sqrt{h_1^2 + h_2^2}, \quad q = \frac{h_2^2 v}{\sqrt{h_1^2 + h_2^2}}, \quad r = \frac{h_1^2 h_2^2 v^2}{h_1^2 + h_2^2}.$$

Setzt man diese Werte ein, so kommt

$$\mathfrak{W} = \frac{h_1 h_2}{\pi} \alpha \int_{-\infty}^{+\infty} e^{-\left[\left(\sqrt{h_1^2 + h_2^2} \cdot v_1 - \frac{h_2^2 v}{\sqrt{h_1^2 + h_2^2}}\right)^2 + \frac{h_1^2 h_2^2 v^2}{h_1^2 + h_2^2}\right]} . d\,v_1 =$$

$$=\frac{h_1 h_2}{\pi}\,\alpha\, e^{-\frac{h_1^2 h_2^2 v^2}{h_1^2+h_2^2}} \cdot \frac{1}{\sqrt{h_1^2+h_2^2}} \int_{-\infty}^{+\infty} e^{-\left(\sqrt{h_1^2+h_2^2}\, v_1 - \frac{h_2^2 v}{\sqrt{h_1^2+h_2^2}}\right)^2}$$

$$d\left(\sqrt{h_1^2+h_2^2}\, v_1 - \frac{h_2^2 v}{\sqrt{h_1^2+h_2^2}}\right).$$

Das bestimmte Integrale in diesem Ausdrucke ist aber $\sqrt{\pi}$, folglich

$$\mathfrak{W} = \frac{h_1 h_2}{\sqrt{h_1^2+h_2^2}} \cdot \frac{1}{\sqrt{\pi}} \cdot e^{-\frac{h_1^2 h_2^2 v^2}{h_1^2+h_2^2}} \cdot \alpha$$

Setzt man $\frac{h_1 h_2}{\sqrt{h_1^2+h_2^2}} = H$, so erhält $\mathfrak{W}$ die Form

$$\mathfrak{W} = \frac{H}{\sqrt{\pi}}\, e^{-H^2 v^2} \cdot \alpha$$

Die Wahrscheinlichkeit des Fehlers von $x+y$ hat also dieselbe Form wie die Wahrscheinlichkeit der Summanden. Es läßt sich nun synthetisch leicht nachweisen, daß dasselbe für das Vielfache $a\,x$, für die Summe $a\,x+b\,y$ und endlich für die lineare Funktion $a\,x+b\,y+c\,z+\ldots.$ gilt.

Dieser Satz bietet auch die Möglichkeit, die vorgebrachte Hypothese der Elementarfehler zu verallgemeinern. Denkt man sich mehrere Arten von Elementarfehlern, $\pm\varepsilon_1$, $\pm\varepsilon_2$ u. s. w. wirkend, so muß auf Grund dieses Satzes der Gesamtfehler $v_1+v_2+\ldots.$ demselben Gesetze gehorchen, wie die den $\pm\varepsilon_1$ $\pm\varepsilon_2, \ldots$ entsprechenden Einzelfehler $v_1, v_2, \ldots.,$ wodurch die Hypothese mit allen ihren Folgerungen außerordentlich an Glaubwürdigkeit gewinnt.

II. Ausgleichungsrechnung.

A. Einleitung.

§ 14. Stellung der Aufgabe.

Die Bestimmung unbekannter Größen durch irgend welche Messungen entspricht vollkommen der Auflösung von Gleichungen; die Beantwortung der Frage, wie groß z. B. ein gewisser Winkel x sei, bildet schon eine Gleichung einfachster Art: $x = a$. Es ist nicht nötig, daß die unbekannten Größen direkt gemessen werden. Wenn nur die gemessenen Größen mit den gesuchten Unbekannten in einem Zusammenhange stehen, den wir in Form einer Gleichung ansetzen können. Man spricht in diesem Falle von indirekten oder vermittelnden Beobachtungen. Schließlich können auch zwischen den Unbekannten gewisse Bedingungsgleichungen bestehen, die strenge erfüllt sein müssen (z. B. „Summe der Teile gleich dem Ganzen" oder „Summe der Innenwinkel im Dreieck gleich 180°"). Man spricht dann von bedingten Beobachtungen. In allen Fällen, wo unbekannte aus bekannten, gemessenen Größen abgeleitet werden sollen, hat man es also mit Gleichungen und ihrer Auflösung zu tun.

Die Aufgabe ist bestimmt, wenn die Anzahl der Gleichungen ebenso groß ist als die Anzahl der Unbekannten. Mit einer solchen „einfachen Bestimmtheit" begnügt man sich aber nur in Fällen geringerer Wichtigkeit, macht aber sonst lieber „überschüssige Beobachtungen", so daß die Zahl der Gleichungen größer ist als die Zahl der Unbekannten. Dadurch wird eine gewisse Kontrolle für die Güte der Beobachtungen geschaffen und damit auch für die Zuverlässigkeit der Rechnungsresultate, die um so mehr ins Gewicht fällt, je größer die Anzahl der überschüssigen Beobachtungen ist.

Wären alle Beobachtungen fehlerlos, so müßten die Unbekannten, wenn sie auf irgend eine Weise ermittelt worden wären, allen Gleichungen Genüge leisten. Nachdem aber die Beobachtungen fehlerhaft sind, so werden die aufgestellten Gleichungen von den „wahren" Gleichungen, wie sie sein sollten, mehr oder weniger abweichen. Wenn man selbst die wahren Werte der Unbekannten in diese veränderten, fehlerhaften Gleichungen einsetzen würde, so müßten sich im allgemeinen Widersprüche ergeben. Nachdem es aber unmöglich ist, die wahren Werte der Unbekannten aus fehlerhaften Messungen zu errechnen, so müssen wir uns damit begnügen, solche Näherungswerte zu finden, für welche die Widersprüche der Gleichungen — in ihrer Gesamtheit betrachtet — am wenigsten ungünstig wirken. Das ist die Aufgabe der Ausgleichungsrechnung.

§ 15. Prinzip der Ausgleichung.

Die Widersprüche der Gleichungen entstehen aus den Fehlern, welche den Beobachtungsdaten anhaften. Man kann sie daher als „Fehler der Gleichungen" betrachten und annehmen, daß sie dem bekannten Fehlergesetze gehorchen.

Dies gilt eigentlich nur dann, wenn die Gleichungen lineare Formen der gemessenen Größen und der Unbekannten darstellen, weil nur bei linearen Funktionen von Beobachtungen deren Fehlergesetz erhalten bleibt. Besitzen die Gleichungen nicht die lineare Form, so hat man sie vorerst durch Entwicklung nach der Taylorschen Reihe auf die lineare Form zu bringen.

Die Wahrscheinlichkeit, einen solchen Gleichungsfehler v bis $v + d\,v$ zu erhalten, ist also $\frac{h}{\sqrt{\pi}} e^{-h^2 v^2} d\,v$, die zusammengesetzte Wahrscheinlichkeit, daß die Fehler $v_1, v_2, \ldots$ begangen werden, ist das Produkt der Einzelwahrscheinlichkeiten, also $\frac{h_1}{\sqrt{\pi}} e^{-h_1^2 v_1^2} d\,v_1 \cdot \frac{h_2}{\sqrt{\pi}} e^{-h_2^2 v_2^2} d\,v_2 \ldots\ldots$ Man kann nun diejenige Gruppe von zusammengehörigen Werten der Unbekannten als die beste, die wahrscheinlichste bezeichnen, für welche das gleichzeitige Eintreten der Fehler v_1, v_2, . . . am wahrscheinlichsten ist. Das Produkt, das jene zusammengesetzte Wahrscheinlichkeit angibt, erreicht aber dann seinen größten Wert, wenn die Summe der Exponenten ein Minimum wird. Man hat also behufs Bestimmung der wahrscheinlichsten Werte der Unbekannten die Bedingung zu erfüllen:

$$h_1^2 v_1^2 + h_2^2 v_2^2 + \dots = \text{Min}$$

Setzt man $h_1^2 = p_1$, $h_2^2 = p_2$, . . ., so ergibt sich die Bedingung:

$p_1 v_1^2 + p_2 v_2^2 + \dots = \text{Min}$, oder in symbolischer Form:*)

$$[p v v] = \text{Min} \quad \dots \quad 13)$$

Die Größe p heißt das „Gewicht". Da es sich um eine Minimumsaufgabe handelt, kann man die ganze Summe $[p v v]$, somit auch alle Faktoren p mit einer beliebigen ganzen Zahl multiplizieren, so daß also das Gewicht nicht dem h^2 gleich, sondern bloß proportional gesetzt werden muß. Da aber h nach § 10 sowohl dem wahrscheinlichen als auch dem durchschnittlichen und dem mittleren Fehler verkehrt proportional ist, so ist das Gewicht p dem Quadrat der genannten Größen r, ϑ oder μ verkehrt proportional zu setzen, wovon gewöhnlich Gebrauch gemacht wird.

Die Bedingung, die Unbekannten so anzunehmen, daß der Ausdruck $[p v v]$ zu einem Minimum werde, ist das Grundprinzip der Ausgleichungsrechnung.

Ist man berechtigt, die Gewichte als gleich anzunehmen, so vereinfacht sich die Bedingung:

$$[v v] = \text{Min} \quad \dots \quad 14)$$

Die beste Ausgleichung ist also in diesem Falle diejenige, bei welcher die Summe der Fehlerquadrate ein Minimum wird. Man sagt daher, die Ausgleichung sei nach der „Methode der kleinsten Quadrate" erfolgt. Es sollte zwar richtig heißen:

*) Diese Schreibweise für die Summe gleichartiger Ausdrücke, die sich nur im Index unterscheiden, wurde von Gauß eingeführt. Es bedeutet z. B. $[a b] = a_1 b_1 + a_2 b_2 + \dots$, $[a a] = a_1 a_1 + a_2 a_2 + \dots$, $[p a b] = p_1 a_1 b_1 + p_2 a_2 b_2 + \dots$

nach der „Methode der kleinsten Quadratsumme“, doch ist die erste Ausdrucksweise, die Legendre zum ersten Male gebraucht und Gauß später in die Wissenschaft eingeführt hat, üblich geworden, ja man hat sie auch auf diejenigen Fälle ausgedehnt, wo es sich um die Summe der mit den bezüglichen Gewichten multiplizierten Fehlerquadrate, also um $[p\,v\,v]$ handelt.

Es wird später gezeigt werden, daß die Bedingung $[p\,v\,v] =$ $=$ Min eine Ausgleichung liefert, bei welcher der mittlere Fehler ein Minimum wird. Es erscheint daher auch in dieser Richtung die Ausgleichung nach der Methode der kleinsten Quadrate als die plausibelste.

B. Ausgleichung direkter Beobachtungen gleicher Genauigkeit.

§ 16. Ableitung der Regel vom arithmetischen Mittel.

Eine Größe X sei mehreremal direkt gemessen worden, u. zw. unter denselben Umständen, mit demselben Instrument, mit der gleichen Sorgfalt. Die Ergebnisse der Messungen heißen $o_1, o_2, \ldots o_n$. Nimmt man statt des wahren Wertes X, den man ja doch nicht finden kann, einen Mittelwert M an, so ergeben sich die Fehler $v_1 = \mathrm{M} - o_1$, $v_2 = \mathrm{M} - o_2$, ... $v_n = \mathrm{M} - o_n$. Der Mittelwert M ist dann als der wahrscheinlichste anzusprechen, wenn nach Gleichung 14)

$$[v\,v] = \text{Min, also}$$

$$(\mathrm{M} - o_1)^2 + (\mathrm{M} - o_2)^2 + \ldots + (\mathrm{M} - o_n)^2 = \text{Min}$$

Durch Differenzieren nach M und Nullsetzen erhält man

$$\mathrm{M} - o_1 + \mathrm{M} - o_2 + \ldots + \mathrm{M} - o_n = 0, \quad \ldots\ldots\ldots\ldots 15)$$

$$\mathrm{M} = \frac{o_1 + o_2 + \ldots + o_n}{n} = \frac{[o]}{n} \quad \ldots\ldots\ldots\ldots\ldots 16)$$

Der wahrscheinlichste Mittelwert bei direkten Beobachtungen gleicher Genauigkeit ist also das wohlbekannte arithmetische Mittel M der Messungsresultate.

Die Gleichung 15) kann auch in der Form geschrieben werden:

$$v_1 + v_2 + \ldots + v_n = o \text{ oder } [v] = o \quad \ldots\ldots\ldots\ldots \quad 17)$$

Diese Relation wird bei praktischen Beispielen als Kontrolle für die Richtigkeit der Rechnung verwendet; aber auch bei theoretischen Ableitungen macht man oft von ihr Gebrauch.

§ 17. Bemerkungen über das arithmetische Mittel.

Die Regel vom arithmetischen Mittel als dem plausibelsten Werte ist unstreitig die älteste Methode der Ausgleichung. Sie wurde lange Zeit als Eingebung der Vernunft a priori hingestellt und kritiklos angenommen. Lagrange wies zuerst den Satz nach: Die Wahrscheinlichkeit, daß der Fehler des Mittels innerhalb beliebig angenommener Grenzen liege, wächst mit der Anzahl der Beobachtungen, die zur Mittelbildung herangezogen wurden, und konvergiert rasch gegen die Einheit, also Gewißheit. Man wird darum bei mehreren umfangreicheren Versuchsreihen mit einer gewissen Sicherheit darauf rechnen dürfen, daß sich die arithmetischen Mittel aus jeder Reihe nur um sehr wenig voneinander unterscheiden. Damit ist aber keineswegs gesagt, daß sie sich von dem wahren Werte der gemessenen Größe um sehr wenig unterscheiden müssen. Für diese Behauptung gibt es keinen Beweis und kann keinen geben, wenn man nicht über das Fehlergesetz Annahmen trifft oder dieses durch eine Hypothese (wie geschehen) über die Elementarfehler zu begründen versucht.

Man kann die Sache auch von einem anderen Standpunkte betrachten. Angenommen, es liegen die Beobachtungen $o_1, o_2, \ldots o_n$ vor. Man weiß, daß man den wahren Wert X nicht finden kann, und wünscht nur eine Rechenregel zu erlangen, welche durch Heranziehung sämtlicher Beobachtungen einen „Mittelwert" M liefert, das Wort „Mittelwert" im populären Sinne genommen. Es ist einleuchtend, daß ein solcher Mittelwert folgende Bedingungen erfüllen muß: 1. Wenn man alle Beobachtungen um dieselbe konstante Größe vermehrt, so wächst der Mittelwert um dieselbe Größe (z. B. bei Verschiebung des Anfangspunktes der Messung). 2. Wenn man alle Beobachtungen mit derselben konstanten Zahl multipliziert, so erscheint auch der Mittelwert mit derselben Zahl multipliziert (z. B. wenn man in Millimetern statt in Zentimetern abliest). 3. Die gewünschte Rechenregel soll nur einen Wert liefern. 4. Dieser Wert soll innerhalb des größten und kleinsten Beobachtungswertes liegen (sonst wäre er kein Mittelwert im populären Sinne). Sind alle Beobachtungswerte einander gleich, so stellen sie zugleich den Mittelwert vor.

Das arithmetische Mittel genügt allen vier Bedingungen, die man an einen Mittelwert knüpft. Es taucht nun die Frage auf, ob die bekannte Regel für das arithmetische Mittel nicht einer Erweiterung fähig wäre, etwa in der Weise, daß der neue Mittelwert M aus dem arithmetischen Mittel M nach der Formel $\mathrm{M} = M + A_1$ gebildet wird, worin A_1 einen Ausdruck von der Dimension 1 bedeutet. Ein solcher Ausdruck A_1 könnte durch Division zweier Ausdrücke erhalten werden, die sich in der Dimension um 1 unterscheiden, also (symbolisch geschrieben) $A_1 = \frac{A_r}{A_{r-1}}$. (Radizierung ist wegen der damit verbundenen Mehrdeutigkeit ausgeschlossen.) Die Ausdrücke A_r und A_{r-1} müssen selbstverständlicherweise symmetrische Funktionen sein und können die Werte o_1, $o_2, \ldots o_n$ mit Rücksicht auf die Bedingung 1 nur in den Formen enthalten:

entweder $o_1 - o_2, o_1 - o_3, o_1 - o_4, \ldots, o_2 - o_1, o_2 - o_3, o_2 - o_4, \ldots$
$o_3 - o_1, o_3 - o_2, o_3 - o_4, \ldots$

oder $M - o_1 = v_1, M - o_2 = v_2, M - o_3 = v_3, \ldots$

Der erste Fall ist ausgeschlossen, weil eine ungerade symmetrische Funktion von Argumenten, die paarweise entgegengesetzt gleich sind (z. B. $o_1 - o_2$ und $o_2 - o_1$), sich auf Null reduziert, und in dem Bruche $\frac{A_r}{A_{r-1}}$ ist notwendigerweise entweder der Zähler oder der Nenner eine ungerade Funktion, somit der Wert des Bruches entweder 0 oder ∞. Es bleibt also nur der zweite Fall: $A_1 = \frac{f_r(v_1, v_2, \ldots)}{f_{r-1}(v_1, v_2, \ldots)}$

Die Formel für M muß — wenn sie einmal angenommen wurde — in allen Fällen Gültigkeit besitzen, also auch dann, wenn die n paarweise entgegengesetzt gleich sind. Die Funktion f_{r-1} kann also keine ungerade sein, weil sonst A_1 wieder ∞ würde. Es muß also f_{r-1} gerade und f_r ungerade sein, wodurch in dem speziellen Falle der Bedingung 4 $A_1 = 0$, also $\mathrm{M} = M$ würde, was ganz plausibel erscheint. Man sieht, daß die Regel vom arithmetischen Mittel nicht die einzige ist, welche zu einem „Mittelwert" führt, wenn es auch nicht leicht ist, für A_1 eine Regel aufzustellen, welche die Bedingung 4 immer erfüllen muß.

Weitere Spekulationen über die Art der Funktionen f_r und f_{r-1} sind zwecklos, da man keinen Grund hätte, sich für die eine oder die andere zu entscheiden. Weiß man ja nicht einmal, ob A_1 positiv oder negativ zu rechnen ist! Dieser Umstand wurde auch benützt, um das arithmetische Mittel als den „mittelsten aller Mittelwerte" hinzustellen. Nicht ganz mit Recht; denn die Formel $\mathrm{M} = M + A_1$ kann in einem speziellen Falle die Bedingung 4 erfüllen, während die Formel $\mathrm{M} = M - A_1$ dies nicht mehr tut.

Auf jeden Fall bildet die Erfahrung den besten Prüfstein für die Güte der Regel vom arithmetischen Mittel.

§ 18. Ableitung des Fehlergesetzes aus dem arithmetischen Mittel als einem Axiom.*)

Gauß stellte in seiner ersten Publikation über diesen Gegenstand den Satz als Axiom auf, daß das arithmetische Mittel gleich genauer direkter Messungen der wahrscheinlichste Mittelwert sei, und leitete daraus die Wahrscheinlichkeit ab, mit welcher ein gewisser Fehler eintritt.

Es ist einleuchtend, daß ein großer Fehler nicht so wahrscheinlich sein kann als ein kleinerer Fehler, was sich ja auch darin zeigt, daß große Fehler tatsächlich seltener auftreten als kleine Fehler. Die Wahrscheinlichkeit $\mathfrak{W}$, einen gewissen

*) Dieses „Axiom" ist eigentlich nur eine Hypothese, wie die Hypothese der Elementarfehler, welche samt den aus ihr fließenden Folgerungen in diesem Paragraphen absichtlich ignoriert wird. Es werden darum im Folgenden Wiederholungen auftreten. die nicht ins Auge fielen, wenn man das Studium dieses Buches hier beginnen würde.

Fehler v (bis $v + 1$) zu machen, ist also gewiß von der Größe des Fehlers abhängig, sie ist eine Funktion dieses Fehlers.

Wir können darum schreiben:

$\mathfrak{W}_1 = \varphi(v_1)$ die Wahrscheinlichkeit, den Fehler v_1 zu machen,

$\mathfrak{W}_2 = \varphi(v_2)$ „ „ „ „ v_2 „ „

. . . .

$\mathfrak{W}_3 = \varphi(v_n)$ „ „ „ „ v_n „ „

Die zusammengesetzte Wahrscheinlichkeit für das Auftreten aller dieser Fehler bei einer Beobachtungsreihe ist bekanntlich das Produkt der Einzelwahrscheinlichkeiten, also

$$\mathfrak{W} = \varphi(v_1) \cdot \varphi(v_2) \ldots \varphi(v_n)$$

Nennen wir (wie früher) die beobachteten Größen $o_1, o_2, \ldots o_n$ und den gesuchten Mittelwert M, so betragen die Fehler

$$M - o_1,\ M - o_2, \ldots M - o_n.$$

Die Wahrscheinlichkeit, daß alle diese Fehler in der Beobachtungsreihe auftreten, ist nach obigem

$$\mathfrak{W} = \varphi(M - o_1) \cdot \varphi(M - o_2) \ldots \varphi(M - o_n).$$

Die Größe $\mathfrak{W}$ ist von M abhängig. Derjenige Wert von M, für welchen $\mathfrak{W}$ ein Maximum wird, gibt offenbar den wahrscheinlichsten Fall der Fehlerverteilung; er ist also der wahrscheinlichste Mittelwert.

Um jenes M zu finden, für welches $\mathfrak{W}$ ein Maximum wird, setzt man den Differentialquotienten von $\mathfrak{W}$ nach M gleich Null:

$$\left[\frac{\varphi'(M - o_1)}{\varphi(M - o_1)} + \frac{\varphi'(M - o_2)}{\varphi(M - o_2)} + \ldots + \frac{\varphi'(M - o_n)}{\varphi(M - o_n)}\right] \cdot$$

$\cdot\, \varphi(M - o_1) \cdot \varphi(M - o_2) \ldots \varphi(M - o_n) = 0$ oder, nach Unterdrückung derjenigen Faktoren, welche nicht Null sein können:

$$\frac{\varphi'(M - o_1)}{\varphi(M - o_1)} + \frac{\varphi'(M - o_2)}{\varphi(M - o_2)} + \ldots + \frac{\varphi'(M - o_n)}{\varphi(M - o_n)} = 0 \quad .\,.\ 18)$$

Wäre die Funktion φ bereits bekannt, so könnte man den Ausdruck linkerhand entwickeln und erhielte so eine Beziehung zwischen dem wahrscheinlichen Mittelwerte M und den Beobachtungen $o_1, o_2, \ldots o_n$. Weil aber nach unserer

Voraussetzung der wahrscheinliche Mittelwert M mit dem arithmetischen Mittel identisch ist, so kann diese Beziehung zwischen M und den o keine andere sein als:

$$M = \frac{o_1 + o_2 + \ldots + o_n}{n}$$

oder $(M - o_1) + (M - o_2) + \ldots + (M - o_n) = 0$ . . 19)

Die Gleichungen 18) und 19) müssen also — bis auf einen konstanten Faktor k — identisch sein, so daß man setzen kann:

$$\frac{\varphi'(M - o_1)}{\varphi(M - o_1)} = k(M - o_1),\ \frac{\varphi'(M - o_2)}{\varphi(M - o_2)} = k(M - o_2) \ldots.$$

$$\frac{\varphi'(M - o_n)}{\varphi(M - o_n)} = k(M - o_n)$$

also allgemein:

$$\frac{\varphi'(M - o)}{\varphi(M - o)} = k(M - o) \text{ oder } \frac{\varphi'(v)}{\varphi(v)} = k\,v$$

Durch Auflösung dieser Differentialgleichung folgt:

$$\log \varphi(v) = \frac{k}{2} v^2 + C \text{ oder } \varphi(v) = e^{\frac{k}{2} v^2 + C} = e^C \,.\, e^{\frac{k}{2} v^2}$$

Die Größen k und C sind von der Art der Beobachtung abhängig, d. h. von der Genauigkeit derselben, die doch irgendwie zum Ausdrucke kommen muß, und von der Wahl der Einheit der Messungsresultate und somit auch der Fehler; k ist gewiß eine negative Zahl, weil die Wahrscheinlichkeit mit wachsendem Fehler erfahrungsgemäß abnimmt. Man setzt statt $\frac{k}{2}$ gewöhnlich $-h^2$ und schreibt das Fehlergesetz oder die Wahrscheinlichkeitsfunktion in der Form

$\varphi(v) = K\,e^{-h^2 v^2}$ . . . . 20)

Man sieht, daß die Wahrscheinlichkeit von dem Vorzeichen des Fehlers unabhängig ist, weil v nur in der Form v^2 auftritt. Dies entspricht auch unserer Vorstellung von der Natur der primären unregelmäßigen Fehler, auf die es hier allein ankommt.

Die Funktion φ gibt die Wahrscheinlichkeit eines Fehlers v bis $v + 1$ an, wobei 1 die Einheit vorstellt, welche den

Messungsresultaten zu Grunde liegt und die beliebig klein gedacht werden kann. Man wird daher die Wahrscheinlichkeit eines Fehlers v bis $v + d\,v$ erhalten, wenn man $\varphi\,(v)$ mit $d\,v$ multipliziert. Die Summe dieser Wahrscheinlichkeiten $\varphi\,(v).\ d\,v$, über ein gewisses Intervall erstreckt, gibt die Wahrscheinlichkeit, daß der Fehler v überhaupt innerhalb jenes Intervalles liegt. Dieser Gedanke gibt ein Mittel an die Hand, um die Konstante K zu bestimmen. Erstreckt man das Intervall über die weitesten Grenzen, also von $-\infty$ bis $+\infty$, so erhält man durch Summierung (oder Integration) die Wahrscheinlichkeit überhaupt einen Fehler zu begehen, das ist aber volle Gewißheit, also gleich der Einheit.

Es ist somit $\int\limits_{-\infty}^{+\infty} K\,e^{-h^2 v^2}\,d\,v = 1$

Das bestimmte Integral $\int\limits_{-\infty}^{+\infty} e^{-h^2 v^2}\,d\,v$ ist bekanntlich gleich $\frac{\sqrt{\pi}}{h}$. Man hat also $K\,.\,\frac{\sqrt{\pi}}{h} = 1$ und $K = \frac{h}{\sqrt{\pi}}$, so daß man das Fehlergesetz oder die Wahrscheinlichkeitsfunktion in der Form schreiben kann:

$$\varphi\,(v) = \frac{h}{\sqrt{\pi}}\,e^{-h^2 v^2} \quad .\ .\ .\ .\ .\ .\ .\ 21)$$

Nachdem wir die Wahrscheinlichkeitsfunktion kennen, sind wir in der Lage, für den wahrscheinlichsten Wert einer oder mehrerer direkt oder indirekt gemessener Größen ein einfaches Kriterium aufzustellen. Wie immer die Aufgabe gegeben sein mag, stets wird eine Reihe von Fehlern v_1, v_2, $\ldots\ v_n$ auftauchen, wenn man mit dem errechneten „besten Werte“ sozusagen die Probe macht. Diejenigen Werte der beobachteten Größen sind nun als die wahrscheinlichsten anzusehen, für welche die zusammengesetzte Wahrscheinlichkeit der Fehler ein Maximum wird. Es muß also:

$$\frac{h}{\sqrt{\pi}}\,e^{-h^2 v_1^2}\,.\,\frac{h}{\sqrt{\pi}}\,e^{-h^2 v_2^2}\ldots\frac{h}{\sqrt{\pi}}\,e^{-h^2 v_n^2} = \text{Max oder}$$

$e^{-h^2 v_1^2} \cdot e^{-h^2 v_2^2} \ldots e^{-h^2 v_n^2} = \text{Max}$ oder

$$[v\,v] = v_1^2 + v_2^2 + \ldots + v_n^2 = \text{Min} \quad . \quad . \quad 22)$$

d. h. mit Worten: **Die Summe der Fehlerquadrate muß ein Minimum sein.**

Dieser Satz enthält das Prinzip der Ausgleichung von Beobachtungen gleicher Genauigkeit. Man sagt von einer Ausgleichung, die mit Hilfe dieses Prinzips durchgeführt worden, sie sei nach der Methode der kleinsten Quadrate (richtiger „Quadratsumme") geschehen.

Addiert man die Fehler einer mehrfachen direkten Beobachtung $v_1 = M - o_1$, $v_2 = M - o_2, \ldots v_n = M - o_n$, so erhält man $v_1 + v_2 + \ldots + v_n = n\,M - (o_1 + o_2 + \ldots + o_n) = n\,M - n\,M = 0$ oder in symbolischer Form geschrieben

$$[v] = 0 \quad . \quad . \quad . \quad . \quad . \quad . \quad . \quad . \quad 23)$$

Wir werden von dieser Relation bei theoretischen Ableitungen und bei praktischen Beispielen (dort als Kontrolle) Gebrauch machen. Es sei aber sogleich bemerkt, daß Gleichung 23) nicht das allgemeine Prinzip der Ausgleichungsrechnung darstellt, sondern nur bei direkten Beobachtungen gleicher Genauigkeit gilt.

§ 19. Mittlerer Fehler des arithmetischen Mittels.

Der Wert M, den wir aus Gleichung 16) erhalten, ist nur der wahrscheinlichste, keineswegs der wahre Wert der gemessenen Größe. Wir müßten M noch um eine gewisse Größe ε verbessern, um den wahren Wert X zu erhalten, so daß also $X = M + \varepsilon$. Das ε können wir freilich auch nicht mit Gewißheit bestimmen, ja wir wissen nicht einmal, ob es positiv oder negativ ist. Wir können nur einen mittleren Wert des ε berechnen, den sogenannten mittleren Fehler des arithmetischen Mittels.

Die Beträge, um welche die beobachteten Größen o verbessert werden müßten, um den wahren Wert X zu liefern, nennen wir w, die wahren Fehler, zum Unterschiede von den v, den scheinbaren Fehlern.

Es ist also:

$$\left.\begin{array}{l} w_1 = X - o_1 \\ w_2 = X - o_2 \\ \cdot\ \cdot\ \cdot\ \cdot\ \cdot \\ w_n = X - o_n \end{array}\right\} \quad \ldots\ldots\ 24)$$

Da wir von X nichts wissen, hingegen von $X - M$, d. i. ε, etwas erfahren wollen, so führen wir in diese Gleichungen M ein:

$$\left.\begin{array}{l} w_1 = X - M + M - o_1 = \varepsilon + v_1 \\ w_2 = X - M + M - o_2 = \varepsilon + v_2 \\ \cdot\ \cdot\ \cdot\ \cdot\ \cdot\ \cdot\ \cdot\ \cdot\ \cdot\ \cdot\ \cdot\ \cdot\ \cdot \\ w_n = X - M + M - o_n = \varepsilon + v_n \end{array}\right| \quad \ldots\ 25)$$

Durch Addition der Gleichungen 25) ergibt sich
$[w] = n\,\varepsilon + [v]$ oder — nach Gleichung 23) —

$$[w] = n\,\varepsilon \quad \ldots\ldots\ldots\ 26)$$

Die so erhaltene Gleichung enthält die bekannten v nicht, dafür den unbekannten Wert $[w]$. Wir müssen also eine zweite Gleichung aufsuchen, u. zw., indem wir die Gleichungen 25) quadrieren und addieren:

$$\begin{array}{l} w_1^2 = \varepsilon^2 + 2\,\varepsilon\,v_1 + v_1^2 \\ w_2^2 = \varepsilon^2 + 2\,\varepsilon\,v_2 + v_2^2 \\ \cdot\ \cdot\ \cdot\ \cdot\ \cdot\ \cdot\ \cdot\ \cdot\ \cdot\ \cdot \\ w_n^2 = \varepsilon^2 + 2\,\varepsilon\,v_n + v_n^2 \\ \hline [w^2] = n\,\varepsilon^2 + 2\,\varepsilon\,[v] + [v^2] \end{array}$$

oder, da $[v] = o$ ist,

$$[w^2] = n\,\varepsilon^2 + [v^2] \quad \ldots\ldots\ldots\ 27)$$

Diese Gleichung enthält wieder eine neue Unbekannte, nämlich $[w^2]$. Wir müssen also noch eine Gleichung ableiten, welche zwischen $[w]$ und $[w^2]$ einen Zusammenhang herstellt. Da es unmöglich ist, den wahren Wert von ε zu errechnen, so können wir auch nicht erwarten, zwischen $[w]$ und $[w^2]$ eine strenge Beziehung zu finden. Wir müssen uns damit begnügen, eine wahrscheinliche Beziehung zu finden. Erheben wir $[w]$ zum Quadrat, so kommt

$$[w]^2 = [w_1 + w_2 + w + \ldots + w_n]^2 = w_1^2 + w_2^2 + w_3^2 + \ldots$$
$$+ w_n^2 + 2\,w_1\,w_2 + 2\,w_1\,w_3 + \ldots + 2\,w_2\,w_3 + \ldots$$

Denkt man sich die w mit den Vorzeichen $+$ oder $-$ in allen möglichen Kombinationen versehen, so wird jedes der Produkte $2\,w_1\,w_2$ u. s. w. ebenso oft positiv als negativ sein. Lassen wir die Produkte ganz weg, so erhalten wir einen Wert, der ebenso oft überschritten wird als nicht, also den wahrscheinlichen Wert für $[w]^2$:

$$[w]^2 = [w^2] \quad . \; . \; . \; . \; . \; . \; . \; . \; 28)$$

Setzt man für $[w]$ und $[w^2]$ die aus Gleichungen 26) und 27) folgenden Ausdrücke ein, so geht Gleichung 28) über in

$$(n\,\varepsilon)^2 = n\,\varepsilon^2 + [v^2]$$

und daraus erhält man schließlich

$$\varepsilon = \pm \sqrt{\frac{[v^2]}{n\,(n-1)}}$$

Dieser Wert ist — wie gesagt — keineswegs der wahre Fehler des Mittels M, sondern der sogenannte mittlere Fehler; man bezeichnet ihn daher besser mit einem neuen Buchstaben (z. B. μ statt ε) und schreibt:

Mittlerer Fehler des arithmetischen Mittels

$$\mu = \pm \sqrt{\frac{[v\,v]}{n\,(n-1)}} \quad . \; . \; . \; . \; . \; . \; . \; 29)$$

M ist der wahrscheinlichste Wert der Unbekannten X und wurde durch „Ausgleichung" der Beobachtungen $o_1, o_2, \ldots o_n$ gefunden. Man nennt darum μ den mittleren Fehler der Unbekannten — oder richtiger gesagt — der Beobachtungen nach der Ausgleichung.

Die Ableitung für μ enthält scheinbar eine Willkürlichkeit, indem man, um zu einer wahrscheinlichen Beziehung zwischen $[w]$ und $[w^2]$ zu gelangen, $[w]$ zur zweiten Potenz erhob. Warum nicht zur dritten oder vierten, könnte man fragen? Die Berechtigung unseres Vorganges liegt darin, daß μ — nach der Natur der Aufgabe — zweier entgegengesetzt gleicher Werte fähig sein muß. Es konnte daher von den algebraischen nur eine rein-quadratische Form in Frage kommen.

§ 20. Mittlerer Fehler einer Beobachtung.

Es ist nun auch wichtig, den mittleren Fehler einer Beobachtung zu erfahren, weil dieser die Genauigkeit der ganzen Beobachtungsreihe charakterisiert. Man nennt ihn auch im Gegensatze zu μ den mittleren Fehler der Beobachtungen vor der Ausgleichung. Angenommen, die Beobachtungen seien so ausgefallen, daß die Unterschiede der o gegen den wahren Wert X konstant, $+m$ oder $-m$, sind, so wird m den mittleren Fehler einer Beobachtung darstellen. Es ist dabei selbstverständlich, daß die Reihe der Fehler

$$m, m, \ldots . m,$$

welche den fingierten Beobachtungen entsprechen, ebenso wahrscheinlich sein muß als die Reihe der wirklich gemachten Fehler

$$w_1, w_2, \ldots . w_n.$$

Die zusammengesetzte Wahrscheinlichkeit für die erste Fehlerreihe ist

$$\frac{h}{\sqrt{\pi}} e^{-h^2 m^2} \cdot \frac{h}{\sqrt{\pi}} e^{-h^2 m^2} \cdots\cdots \frac{h}{\sqrt{\pi}} e^{-h^2 m^2} = \left(\frac{h}{\sqrt{\pi}}\right)^n e^{-h^2 m^2 n},$$

die zusammengesetzte Wahrscheinlichkeit für die zweite Fehlerreihe ist

$$\frac{h}{\sqrt{\pi}} e^{-h^2 w_1^2} \cdot \frac{h}{\sqrt{\pi}} e^{-h^2 w_2^2} \cdots\cdots \frac{h}{\sqrt{\pi}} e^{-h^2 w_n^2} = \left(\frac{h}{\sqrt{\pi}}\right)^n e^{-h^2 [w^2]}$$

Durch Gleichsetzung dieser Ausdrücke erhält man

$$m^2 . n = [w^2] \quad \ldots\ldots\ldots\ldots \quad 30)$$

Nun ist $[w^2] = n\,\varepsilon^2 + [v^2]$ (Gleichung 27) und wenn man statt ε den mittleren Wert μ nach Gleichung 29) einsetzt, so kommt

$$[w^2] = n \frac{[v^2]}{n(n-1)} + [v^2] = \frac{n[v^2]}{n-1}$$

Die Gleichung 30) geht daher über in

$$m^2 . n = \frac{n[v^2]}{n-1} \text{ und daraus folgt}$$

$$m = \pm \sqrt{\frac{[v\,v]}{n-1}} \quad \ldots\ldots\ldots\ldots \quad 31)$$

Diese Formel unterscheidet sich von der Regel im § 10 darin, daß hier v den scheinbaren Fehler ($v = M - o$) vorstellt, dort aber den wahren Fehler ($v = X - o$). Es ist darum kein Widerspruch, daß die Summe der Fehlerquadrate hier durch $n - 1$ zu dividieren ist, dort aber durch n.

Aus den Gleichungen 29) und 31) ergibt sich ein einfacher Zusammenhang zwischen μ, dem Fehler des Mittels, und m, dem Fehler der einzelnen Beobachtung, nämlich:

$$\mu = \frac{m}{\sqrt{n}} \qquad \text{. . . . . 32)}$$

Man sieht, daß der Fehler des Mittels mit wachsender Anzahl der Beobachtungen abnimmt, wenn auch nur langsam. Wenn man z. B. einen Winkel 25mal mißt und aus den Resultaten das Mittel zieht, so ist der mittlere Fehler μ desselben $\sqrt{25}$, d. i. 5mal kleiner als der mittlere Fehler m einer Winkelmessung.

Es kommt häufig vor, daß man Beobachtungen gleicher Genauigkeit in Gruppen zusammenfaßt und für jede Gruppe das arithmetische Mittel bildet. Diese Mittelwerte $o_1, o_2, \ldots o_n$ können dann wie direkte Beobachtungen behandelt werden, wenn man auf das ihnen zukommende „Gewicht" Rücksicht nimmt (§ 22).

§ 21. Beispiel. Zwei Beobachtungsreihen ungleicher Genauigkeit.

I. Eine Strecke wurde 4mal mit Latten gemessen und gefunden:

$o_1 = 185{\cdot}36\ m$	folglich $v_1 = M - o_1$	$= +3\ cm$	$v_1^2 = 9$
$o_2 = 185{\cdot}32\ m$	$v_2 = M - o_2$	$= +7\ cm$	$v_2^2 = 49$
$o_3 = 185{\cdot}48\ m$	$v_3 = M - o_3$	$= -9\ cm$	$v_3^2 = 81$
$o_4 = 185{\cdot}40\ m$	$v_4 = M - o_4$	$= -1\ cm$	$v_4^2 = 1$
$[o] = 1{\cdot}56\ m$ *)	$[v] = 0$	$= 0\ cm$ (stimmt)	$[v^2] = 140$

$$M = \frac{[o]}{n} = 185{\cdot}39\ m$$

*) Bei Zahlenbeispielen rechnet man $[o]$ nur für die differierenden Stellen, also hier nur für die cm.

Es ergibt sich nun nach Gleichung 29)

$$\mu = \pm \sqrt{\frac{140}{4 \,.\, 3}} = \pm\ 3{\cdot}42\ cm$$

und nach Gleichung 31)

$$m = \pm \sqrt{\frac{140}{3}} = \pm\ 6{\cdot}83\ cm$$

II. Dieselbe Strecke wurde mittels Meßkette 3mal gemessen und gefunden:

$o_1 = 185{\cdot}45\ m$	folglich	$v_1 = M - o_1 = +\ 2\ cm$		$v_1^2 = 4$
$o_2 = 185{\cdot}39\ m$		$v_2 = M - o_2 = +\ 8\ cm$		$v_2^2 = 64$
$o_3 = 185{\cdot}57\ m$		$v_3 = M - o_3 = -\ 10\ cm$		$v_3^2 = 100$
$[o] = 1{\cdot}41\ m$		$[v] = 0 = 0\ cm$		$[v^2] = 168$
		(stimmt)		

$$M = \frac{[o]}{n} = 185{\cdot}47\ m$$

Es ergibt sich daraus nach Gleichung 29) respektive 31):

$$\mu = \pm \sqrt{\frac{168}{3 \,.\, 2}} = \pm\ 5{\cdot}29\ cm$$

$$m = \pm \sqrt{\frac{168}{2}} = \pm\ 9{\cdot}17\ cm$$

Man sieht, daß das Ergebnis der Lattenmessung größeres Vertrauen verdient als das der Kettenmessung, weil bei jener der Fehler μ des arithmetischen Mittels nur $\pm$ 3·4 *cm*, bei dieser aber $\pm$ 5·3 *cm* beträgt. Der Grund dieser Erscheinung liegt aber nicht nur darin, daß die erste Messung 4mal, die zweite bloß 3mal wiederholt wurde. Die zweite Messung ist überhaupt weniger genau zu nennen, weil der mittlere Fehler e i n e r Beobachtung $\pm$ 9·2 *cm* erreicht, gegen 6·8 *cm* bei der ersten Messung. Die Kette ist eben ein weniger genaues Instrument als die Latte.

Will man beide Messungen benützen, um einen Mittelwert für die gemessene Strecke zu erhalten, so darf man nicht aus den beiden Werten für *M* das einfache arithmetische Mittel ziehen. Es ist ja klar, daß der wahrscheinliche Wert näher an 185·39 *m*, an dem genaueren Werte liegen wird. Diese Aufgabe bildet das Problem, direkte Beobachtungen ungleicher Genauigkeit auszugleichen, und wird im folgenden allgemein behandelt werden.

C. Ausgleichung direkter Beobachtungen ungleicher Genauigkeit.

§ 22. Ableitung der Regel vom Mittelwerte. Begriff des Gewichtes.*)

Die beobachteten Größen seien . . . . . $o_1, o_2, \ldots o_n$,
die zugehörigen mittleren Fehler . . . . . . $m_1, m_2, \ldots m_n$,
die Fehler gegen den Mittelwert M . . . . . $v_1, v_2, \ldots v_n$.

Daraus ergibt sich:

die Wahrscheinlichkeit für den Fehler v_1 . . $K_1 \; e^{-h_1^2 v_1^2}$
" " " " " v_2 . . $K_2 \; e^{-h_2^2 v_2^2}$
. . . .
" " " " " v_n . . $K_n \; e^{-h_n^2 v_n^2}$

Die Wahrscheinlichkeit für das Auftreten aller Fehler $v_1, v_2, \ldots v_n$ ist bekanntlich das Produkt der Einzelwahrscheinlichkeiten, also

$$K_1 \,.\, K_2 \ldots K_n \,.\, e^{-[h_1^2 v_1^2 + h_2^2 v_2^2 + \ldots + h_n^2 v_n^2]}$$

Diese Funktion wird ein Maximum, wenn

$$h_1^2 v_1^2 + h_2^2 v_2^2 + \ldots + h_n^2 v_n^2 = [h^2 v^2] = \text{Min.}$$

Da die Exponenten von e unbenannte Zahlen sein müssen, so können die h nur Größen sein, welche mit den jeweiligen mittleren Fehlern verkehrt proportioniert sind. Es muß also

$h_1 = \frac{k}{m_1}, \; h_2 = \frac{k}{m_2}, \ldots h_n = \frac{k}{m_n}$ sein. Dadurch geht die

Minimumsgleichung in die Form über

$$k^2 \frac{v_1^2}{m_1^2} + k^2 \frac{v_2^2}{m_2} + \ldots + k^2 \frac{v_n^2}{m_n^2} = \left[\frac{k^2}{m^2} v^2\right] = \text{Min.}$$

*) § 15 wird auch hier absichtlich ignoriert.

Man nennt die Größe $\frac{k^2}{m^2}$ (oder ein beliebiges Vielfaches davon) das Gewicht p der betreffenden Beobachtung. Die Beobachtungen $o_1, o_2, \ldots o_n$ besitzen also die Gewichte

$$p_1 = \frac{k^2}{m_1^{\,2}},\ p_2 = \frac{k^2}{m_2^{\,2}} \ldots p_n = \frac{k^2}{m_n^{\,2}}$$

oder, wenn man sie durchwegs mit $\frac{1}{k^2}$ multipliziert:

$$p_1 = \frac{1}{m_1^{\,2}},\ p_2 = \frac{1}{m_2^{\,2}}, \ldots p_n = \frac{1}{m_n^{\,2}}$$

Der Ausdruck „Gewicht" ist sprachlich ganz treffend gewählt. Je kleiner der mittlere Fehler einer Beobachtung ist (z. B. Lattenmessung im Vergleich zur Kettenmessung), desto mehr „fällt diese Beobachtung ins Gewicht". Führt man das Gewicht $p = \frac{1}{m^2}$ ein, so lautet nun die Minimumsgleichung

$$[p\,v\,v] = \text{Min} \quad \ldots\ldots\ldots\ldots \quad 33)$$

Diese Bedingung ist die Erweiterung der Formel 22) für jene Fälle, wo Beobachtungen ungleicher Genauigkeit vorliegen. Sie ist also im weitesten Sinne das Grundprinzip der Ausgleichungsrechnung nach der Methode der kleinsten Quadrate.

In unserem Falle, wo es sich um die Ausgleichung direkter Beobachtungen handelt, soll also $[p\,v\,v]$ zu einem Minimum gemacht werden. Setzt man $M - o_1$ statt v_1, $M - o_2$ statt v_2 u. s. w., so kommt

$$[p\,v\,v] = p_1 (M - o_1)^2 + p_2 (M - o_2)^2 + \ldots$$
$$+ p_n (M - o_n)^2 = \text{Min.}$$

Durch Differenzieren nach der Variablen M und nachfolgendes Nullsetzen erhält man

$$2\,p_1 (M - o_1) + 2\,p_2 (M - o_2) + \ldots\ldots + 2\,p_n (M - o_n) = 0$$
$$(p_1 + p_2 + \ldots\ldots + p_n)\ M = p_1\,o_1 + p_2\,o_2 + \ldots\ldots + p_n\,o_n$$

und daraus endlich

$$M = \frac{[p\,o]}{[p]} \quad \ldots\ldots\ldots\ldots\ldots\ldots \quad 34)$$

Das ist der wahrscheinlichste Wert oder der Mittelwert der mehrmals beobachteten Größe.

Es ist dabei gleichgültig, ob man $p = \frac{1}{m^2}$ oder $p = \frac{c}{m^2}$ nimmt, weil der konstante Faktor c im Zähler und Nenner gekürzt werden kann.

Die Gleichung 34) kann auch im Sinne der Mechanik gedeutet werden. Die p stellen parallele Kräfte (z. B. Gewichte) vor, die o deren Entfernungen von einem festen Punkte. Dann ist $[p]$ die Resultierende, $[p\,o]$ die Summe der Drehmomente aller Kräfte in Bezug auf jenen festen Punkt, somit $M = \frac{[p\,o]}{[p]}$ der Abstand der Resultierenden von dem festen Punkte. Der Mittelwert M charakterisiert also den Angriffspunkt oder die Lage der Resultierenden der parallelen Kräfte p oder den Schwerpunkt des Kräftesystems.

§ 23. Mittlerer Fehler des Mittelwertes.

Die Gleichung 34) lehrt uns auch, Beobachtungen verschiedener Genauigkeit auf solche gleicher Genauigkeit zurückzuführen, da wir zu demselben Resultat für M gelangen, wenn wir die vorliegende Versuchsreihe durch eine andere ersetzen, in welcher die Beobachtung o_1 .. $p_1$mal vorkommt, die Beobachtung o_2..$p_2$mal u. s. f., also

$$\underbrace{o_1, o_1, \ldots o_1}_{p_1\text{mal}}, \underbrace{o_2, o_2, \ldots o_2}_{p_2\text{mal}}, \ldots \ldots \underbrace{o_n, o_n, \ldots o_n}_{p_n\text{mal}}$$

Das gilt aber nicht ohne weiteres für den mittleren Fehler μ des Mittelwertes M, da μ nicht nur von den scheinbaren Fehlern v sondern auch von der Anzahl der Beobachtungen abhängt, die also nicht willkürlich verändert werden darf, wie es eben geschehen ist. Die Zahlen p_1, p_2..p_n müssen daher mit einer solchen Zahl k multipliziert werden, daß die Anzahl der fingierten Beobachtungen (d. i. $k\,p_1 + k\,p_2 + \ldots + k\,p_n$) der Anzahl der wirklichen Beobachtungen (d. i. n) gleich wird. Man muß also $k\,[p] = n$ setzen, woraus $k = \frac{n}{[p]}$ folgt.

Die neue Versuchsreihe lautet dann:

$$\underbrace{o_1, o_1, \ldots o_1}_{\frac{n}{[p]} p_1 \text{mal}}, \underbrace{o_2, o_2, \ldots o_2}_{\frac{n}{[p]} p_2 \text{mal}}, \ldots \ldots \underbrace{o_n, o_n, \ldots o_n}_{\frac{n}{[p]} p_n \text{mal}}$$

Der mittlere Fehler μ des Mittelwertes M ergibt sich nun nach Gleichung 29)

$$\mu = \pm \sqrt{\frac{\frac{n}{[p]} p_1 \cdot v_1^2 + \frac{n}{[p]} p_2 \cdot v_2^2 + \ldots + \frac{n}{[p]} p_n v_n^2}{\frac{n}{[p]} (p_1 + p_2 + \ldots + p_n) \left(\frac{n}{[p]} [p] - 1\right)}}$$

oder, wenn man Zähler und Nenner durch $\frac{n}{[p]}$ dividiert:

$$\mu = \pm \sqrt{\frac{[p\,v\,v]}{[p]\,(n-1)}} \quad \ldots \ldots \ldots \ldots \ldots \quad 35)$$

Das Ergebnis für μ ändert sich nicht, wenn man alle Gewichte p mit derselben Zahl multipliziert, weil man in Gleichung 35) Zähler und Nenner durch diese Zahl kürzen kann. Die Gewichte sind eben nur Verhältniszahlen.

§ 24. Mittlerer Fehler der Gewichtseinheit.

Ersetzt man die Beobachtungsreihe $o_1, o_2, \ldots o_n$ mit den bezüglichen Gewichten $p_1, p_2, \ldots p_n$ wie in § 23 durch eine Beobachtungsreihe von gleicher Genauigkeit, u. zw.

$$\underbrace{o_1, o_1, \ldots o_1}_{p_1\text{-mal}}, \underbrace{o_2, o_2, \ldots \ldots o_2}_{p_2\text{-mal}}, \ldots \ldots \underbrace{o_n, o_n, \ldots o_n}_{p_n\text{-mal}},$$

so kann man den mittleren Fehler m einer solchen Beobachtung aus der Beziehung $\mu = \frac{m}{\sqrt{n}}$ berechnen, wenn man die Anzahl der Beobachtungen $n = p_1 + p_2 + \ldots + p_n = [p]$ setzt. Es ergibt sich dann

$$\mu = \frac{m}{\sqrt{[p]}} \quad \ldots \ldots \ldots \ldots \quad 35_a)$$

und daraus

$$m = \sqrt{[p]} \cdot \mu.$$

Man nennt diese Größe m den „mittleren Fehler einer Beobachtung vom Gewichte 1" oder kürzer den „mittleren Fehler der Gewichtseinheit" und findet, nachdem man für μ den Wert $\sqrt{\frac{[p\,v\,v]}{[p]\,(n-1)}}$ aus Gleichung 35) substituiert:

$$m = \pm \sqrt{\frac{[p\,v\,v]}{n-1}} \quad \ldots\ldots\ldots \quad 36)$$

Der mittlere Fehler der Gewichtseinheit ändert sich, wenn man alle Gewichte p mit derselben Zahl multipliziert, was der Natur der Sache entspricht. Er hat nur dann eine faktische Bedeutung, wenn die Gewichte Anzahlen von gleich genauen Beobachtungen sind, welche gruppenweise zu den Mittelwerten $o_1, o_2, \ldots o_n$ vereinigt wurden.*) In diesem Falle bedeutet der mittlere Fehler der Gewichtseinheit nichts anderes als den mittleren Fehler einer ursprünglichen Beobachtung.

Die mittleren Fehler der „einzelnen Beobachtungen" $o_1, o_2, \ldots o_n$ (welche nach dieser Auffassung keine Beobachtungen, sondern gerechnete Mittelwerte sind) ergeben sich nach Gleichung 32):

$$\left.\begin{array}{l} m_1 = \frac{m}{\sqrt{p_1}} \\ m_2 = \frac{m}{\sqrt{p_2}} \\ \ldots\ldots \\ m_n = \frac{m}{\sqrt{p_n}} \end{array}\right\} \quad \ldots\ldots\ldots \quad 37)$$

indem man in Gleichung 32) den mittleren Fehler einer ursprünglichen Beobachtung mit dem mittleren Fehler m der Gewichtseinheit identifiziert und die Wiederholungszahlen durch die Gewichtszahlen p_1, p_2 u. s. w. ersetzt. Sind die Größen $o_1, o_2, \ldots o_n$ hingegen wirkliche Beobachtungen, so muß man

*) Werden Beobachtungen zu einem Mittelwerte o_1 vereinigt, so ist das Gewicht von o_1 dem Quadrat seines mittleren Fehlers verkehrt proportional, also nach Gleichung 32) der Wiederholungszahl direkt proportional.

ihre mittleren Fehler $m_1, m_2, \ldots m_n$ von vornherein wissen oder nach der Güte des Instruments abschätzen können, bevor man sich auf eine Ausgleichungsrechnung nach Gewichten einlassen kann. Die Gleichungen 37) werden dann nur zur Kontrolle dienen können, von der man aber keine große Strenge erwarten darf.

§ 25. Beispiel. Vereinigung der 2 Beobachtungsreihen des § 21.

Faßt man die 4 Lattenmessungen und die 3 Kettenmessungen zusammen, wobei man für erstere das Gewicht $p_1 = \frac{1}{m^2} = \frac{1}{6{\cdot}83^2} = 0{\cdot}0214$, für letztere $p_2 = \frac{1}{9{\cdot}17^2} = 0{\cdot}0119$ setzen muß, so ergibt sich der Mittelwert (für die Dezimalen) nach Gleichung 34):

$$(M) = \frac{0{\cdot}0214\,(36+32+48+40)+0{\cdot}0119\,(45+39+57)}{4\cdot 0{\cdot}0214+3\,.\,0{\cdot}0119} =$$
$$= 41_{35}\ cm$$

also $M = 185{\cdot}41_{35}\ m$.

Bildet man anderseits aus den Werten:

Lattenmessung = 185·39 und Kettenmessung = 185·47

den Mittelwert, wobei man ersterem das Gewicht $\frac{1}{\mu^2} = \frac{1}{3{\cdot}42^2} =$ $= 0{\cdot}0856$, letzterem das Gewicht $\frac{1}{5{\cdot}29^2} = 0{\cdot}0357$ beilegt, so ergibt sich (für die Dezimalen):

$$(M') = \frac{0{\cdot}0856\,.\,39 + 0{\cdot}0357\,.\,47}{0{\cdot}0856 + 0{\cdot}0357} = 41{\cdot}_{35}\ cm$$

also $M' = 185{\cdot}41_{35}\ m$.

Die Übereinstimmung zwischen M und M' ist nicht Zufall, sondern Notwendigkeit: Da $\mu = \frac{m}{\sqrt{n}}$, ist $\frac{1}{\mu^2} = \frac{n}{m^2} = n\,\frac{1}{m^2}$, das Gewicht 0·0856 ist also genau 4mal so groß als das Gewicht 0·0214, während die Zahl 39 genau ein Viertel von der Summe 36 + 32 + 48 + 40 ist u. s. w. Die Ausdrücke für M bezw. M' sind also identisch.

Das arithmetische Mittel aus gleich genauen Beobachtungen kann daher wie eine einzige Messung behandelt werden, wenn man ihm das Gewicht $\frac{1}{\mu^2}$ beilegt.

Es soll nun der mittlere Fehler des Mittelwertes $M = 185{\cdot}41_{35}\ m$ nach der Ausgleichung berechnet werden. Es bieten sich wie bei der Berechnung des Mittelwertes selbst zwei Wege.

I. Berechnung aus sämtlichen (7) ursprünglichen Beobachtungen.

Das Gewicht jeder Lattenmessung ist, wie eingangs bemerkt, $\frac{1}{m^2} = \frac{1}{6{\cdot}83^2} = 0{\cdot}0214$, das Gewicht jeder Kettenmessung $\frac{1}{9{\cdot}17^2} = 0{\cdot}0119$. Die Fehler v aller 7 Messungen müssen neu berechnet werden, indem man jedes o von dem gemeinschaftlichen Mittelwerte $M = 185{\cdot}41_{35}$ subtrahiert.

Die Angaben und die Resultate der Zwischenrechnungen werden tabellarisch angeordnet.

o	m	$p = \frac{1}{m^2}$	$v = M - o$	$p\,v$	$p\,v\,v$
36	6·83	0·0214	+ 5·35	+ 0·114	0·613
32	6·83	0·0214	+ 9·35	+ 0·200	1·871
48	6·83	0·0214	— 6·65	— 0·142	0·946
40	6·83	0·0214	+ 1·35	+ 0·029	0·039
45	9·17	0·0119	— 3·65	— 0·043	0·159
39	9·17	0·0119	+ 2·35	+ 0·028	0·066
57	9·17	0·0119	— 15·65	— 0·186	2·915
		0·1213		0·000	6·609

(Dieses Schema könnte auch zur Berechnung von $M = \frac{[p\,o]}{[p]}$ verwendet werden, wenn man es um eine Kolonne für $p\,o$ vermehrt.)

Der mittlere Fehler μ des Mittelwertes M ergibt sich nun nach Gleichung 35):

$$\mu = \pm \sqrt{\frac{[p\,v\,v]}{[p]\,(n-1)}} = \pm \sqrt{\frac{6{\cdot}609}{0{\cdot}1213\,.\,6}} = \pm\ 3{\cdot}01\,cm$$

Der mittlere Fehler m der Gewichtseinheit nach Gleichung 36):

$$m = \pm \sqrt{\frac{[p\,v\,v]}{n-1}} = \pm \sqrt{\frac{6{\cdot}609}{6}} = \pm\ 1{\cdot}05\,cm$$

Der mittlere Fehler einer Lattenmessung nach Gleichung 37):

$$m_1 = \frac{m}{\sqrt{p_1}} = \pm \frac{1{\cdot}05}{\sqrt{0{\cdot}0214}} = \pm\ 7{\cdot}18\,cm \text{ (statt } \pm\ 6{\cdot}83\,cm)$$

Der mittlere Fehler einer Kettenmessung:

$$m_2 = \frac{m}{\sqrt{p_1}} = \pm \frac{1{\cdot}05}{\sqrt{0{\cdot}0119}} = \pm\ 9{\cdot}63\,cm \text{ (statt } \pm\ 9{\cdot}17\,cm)$$

Der mittlere Fehler der Gewichtseinheit hat hier keine faktische Bedeutung. Die mittleren Fehler der einzelnen Beobachtungen stimmen mit den Zahlen, welche der Berechnung von μ zu Grunde gelegt wurden, leidlich gut überein.

II. Berechnung aus dem arithmetischen Mittel der Lattenmessungen und dem der Kettenmessungen. Die arithmetischen Mittel 185·39 und 185·47 können als direkte Beobachtungen betrachtet werden, deren Gewichte $p_1 = \frac{1}{\mu_1^2} = \frac{1}{3{\cdot}42^2} = 0{\cdot}0856$ respektive $p_2 = \frac{1}{\mu_2^2} = \frac{1}{5{\cdot}29^2} = 0{\cdot}0357$ sind. Es ergibt sich folgende tabellarische Aufschreibung:

o	μ	$p = \frac{1}{\mu^2}$	$v = M - o$	$p\,v$	$p\,v\,v$
39	3·42	0·0856	+ 2·35	+ 0·201	0·472
47	5·29	0·0357	— 5·65	— 0·202	1·140
		0·1213		— 0·001	1·612

(Dieses Schema könnte auch zur Berechnung von $M = \frac{[p\,o]}{[p]}$ verwendet werden, wenn man es um eine Kolonne für $p\,o$ vermehrt.)

Die mittleren Fehler μ, m, m_1 und m_2 ergeben sich nun nach den Gleichungen 35—37):

$$\mu = \pm \sqrt{\frac{[p\,v\,v]}{[p]\,(n-1)}} = \pm \sqrt{\frac{1{\cdot}612}{0{\cdot}1213\,.\,1}} = \pm\, 3{\cdot}64\,cm$$

$$m = \pm \sqrt{\frac{[p\,v\,v]}{n-1}} = \pm \sqrt{\frac{1{\cdot}612}{1}} = \pm\, 1{\cdot}27\,cm$$

$$m_1 = \pm \frac{m}{\sqrt{p_1}} = \pm \frac{1{\cdot}27}{\sqrt{0{\cdot}0856}} = \pm\, 4{\cdot}34\,cm \text{ (statt } \pm\, 3{\cdot}42)$$

$$m_2 = \pm \frac{m}{\sqrt{p_2}} = \pm \frac{1{\cdot}27}{\sqrt{0{\cdot}0357}} = \pm\, 6{\cdot}72\,cm \text{ (statt } \pm\, 5{\cdot}29)$$

Die Werte für m_1 und m_2 stimmen weniger gut als bei der ersten Methode. Auffallend ist der Unterschied in den Resultaten für den mittleren Fehler μ des Mittelwertes bei der ersten und zweiten Methode (3·01 und 3·64), um so mehr, als es dieselben Zahlen (o_1 bis o_7) sind, welche da wie dort in die Rechnung eintreten. Bei näherer Betrachtung findet man aber, daß ihre Verbindung in beiden Fällen eine andere ist. Formell ist es darum erklärlich, daß auch die Ergebnisse differieren. Der innere Grund liegt aber darin, daß in die Formeln für μ, m_1 und m_2 tatsächlich beobachtete Werte eingesetzt wurden, welche dem idealen Zustande nicht entsprechen, der bei der Ableitung jener Formeln nach § 22 und § 24 vorausgesetzt wurde.

Um widerspruchslose Resultate zu erhalten, muß man die Einzelfehler v ausschalten, indem man auf die Gleichung 35 *a*) des § 24 zurückgreift.

Weil es sich hier um den mittleren Fehler m der Gewichtseinheit handelt, ist es notwendig, den Begriff des Gewichtes schärfer zu fassen. Nennt man die mittleren Fehler der Beobachtungen m_1, m_2, . . . und deren Gewichte $p_1, p_2, \ldots$, so ist nach § 22 ganz allgemein $p_1 = \frac{k^2}{m_1^2}$, $p_2 = \frac{k^2}{m_2^2}, \ldots$

Wäre irgend ein Gewicht $p_x = 1$, so müßte das zugehörige m_x den mittleren Fehler der Gewichtseinheit vorstellen, es müßte also $m_x = m$ sein. Setzt man diese Werte für p_x und m_x in die allgemeine Gewichtsformel ein, so kommt $1 = \frac{k^2}{m^2}$, d. h. es muß $k = m$ sein. Infolgedessen nimmt die Gleichung 35 m) die Form an:

$$\mu = \frac{m}{\sqrt{\frac{m^2}{m_1^2} + \frac{m^2}{m_2^2} + \ldots}} = \frac{1}{\sqrt{\left[\frac{1}{m^2}\right]}}.$$

Die Ausdrücke $\frac{1}{m_1^2}, \frac{1}{m_2^2}, \ldots$ sind das, was wir in den vorstehenden Tabellen mit $p = \frac{1}{m^2}$ bezw. $p = \frac{1}{\mu^2}$ bezeichneten. Es ist daher unter Beibehaltung dieser Beziehungsweise, die eine Spezialisierung für k einschließt,

$$\mu = \frac{1}{\sqrt{[p]}}.$$

Der Wert von $[p]$ ist, wie im § 25 angedeutet wurde, im Falle I und im Falle II derselbe (nämlich 0·1213); man erhält folglich auf diese Art nach beiden Methoden denselben Wert für μ, bei unserem Beispiel

$$\mu = \frac{1}{\sqrt{0{\cdot}1213}} = \pm\, 2{\cdot}87\ cm.$$

Vergleicht man die Formel $\mu = \frac{1}{\sqrt{[p]}}$ mit der Gleichung 35 m) . . . $\mu = \frac{m}{\sqrt{[p]}}$, so erkennt man, daß **theoretisch $m = 1$** sein muß, vorausgesetzt, daß man die Gewichte den Quadraten der mittleren Fehler einfach reziprok genommen hat. Die vorhin gefundenen Werte

$m = \pm 1{\cdot}05$ bzw. $1{\cdot}27$ sind nicht die wahren, sondern bloß die wahrscheinlichsten Werte für m.

Bei unserem Beispiel ergeben sich auf diese Art für den ersten Fall:

$$m_1 = \pm \frac{m}{\sqrt{p_1}} = \pm \frac{1}{\sqrt{0{\cdot}0214}} = \pm 6{\cdot}83 \; cm$$

$$m_2 = \pm \frac{m}{\sqrt{p_2}} = \pm \frac{1}{\sqrt{0{\cdot}0119}} = \pm 9{\cdot}17 \; cm$$

für den zweiten Fall:

$$m_1 = \pm \frac{m}{\sqrt{p_1}} = \pm \frac{1}{\sqrt{0{\cdot}0856}} = \pm 3{\cdot}41 \; cm$$

$$m_2 = \pm \frac{m}{\sqrt{p_2}} = \pm \frac{1}{\sqrt{0{\cdot}0357}} = \pm 5{\cdot}29 \; cm$$

in voller Übereinstimmung mit den der Berechnung zu Grunde gelegten mittleren Fehlern der Latten- resp. Kettenmessung.

Da es zu der Aufgabe der Methode die kleinsten Quadrate gehört, alle Mehrdeutigkeit zu beheben, so wird man die mittleren Fehler μ, m_1, m_2, . . . unter Nichtbeachtung der Fehler v gegen den Mittelwert M, also gewissermaßen vor der Ausgleichung, nach den Formeln berechnen:

$$\mu = \pm \frac{1}{\sqrt{[p_2]}} \quad \ldots\ldots\ldots \quad 36')$$

$$\left.\begin{aligned} m_1 &= \pm \frac{1}{\sqrt{p_1}} \\ m_2 &= \pm \frac{1}{\sqrt{p_2}} \\ &\ldots\ldots \end{aligned}\right\} \quad \ldots\ldots\ldots \quad 37')$$

und diese Werte als endgültige Resultate beibehalten. Die Berechnung der mittleren Fehler nach erfolgter Ausgleichung (wie bei I und II) soll aber trotzdem nicht unterlassen werden, weil man dadurch eine Kontrolle über die Richtigkeit der Rechnung und über die Güte der Beobachtungen selbst gewinnt.

D. Mittlerer Fehler einer Funktion direkt beobachteter Größen.

§ 26. Ableitung der allgemeinen Formel.

Die meisten Formeln der Geometrie, Physik etc. stellen eine Vorschrift dar, mittels welcher eine Größe aus anderen Größen berechnet werden kann; z. B.

Fläche eines Rechteckes $= g \, . \, h$,

„ „ Dreieckes $= \frac{a \, b \sin \gamma}{2}$,

barom. gemessene Höhendifferenz =

$$= 18464 \left(1 + 0{\cdot}003665 \, \frac{t_1 + t_2}{2}\right) \log \frac{b_1}{b_2},$$

tachym. gemessene Distanz =

$$= C \, l \cos^2 \alpha + c \cos \alpha \text{ u. s. w.}$$

Es handelt sich darum, den mittleren Fehler des Resultats zu finden, wenn die mittleren Fehler der gemessenen Größen (g, h, a, b, γ, t_1, t_2, etc.) bekannt sind.

Bezeichnet man der Allgemeinheit wegen die zu berechnende Größe mit y und die gemessenen Größen mit x_1, x_2, . . . x_n, so erscheint y als explizite Funktion der Argumente x:

$$y = f\,(x_1, \, x_2, \, . \, . \, . \, x_n)$$

Um den Einfluß zu bestimmen, den geringe Schwankungen in den Werten von x auf y ausüben, entwickeln wir y nach der Taylorschen Reihe:

$$\Delta y = \frac{\partial f}{\partial x_1} \, . \, \Delta x_1 + \frac{\partial f}{\partial x_2} \, . \, \Delta x_2 + \, . \, . \, . + \frac{\partial f}{\partial x_n} \, . \, \Delta x_n + \, . \, . \, .$$

Die partiellen Differentialquotienten $\frac{\partial f}{\partial x_1}, \frac{\partial f}{\partial x_2}, \ldots$ etc. können zahlenmäßig ermittelt werden; wir wollen sie der Kürze halber mit q_1, q_2, . . . q_n bezeichnen. Die Größen Δx_1, Δx_2, . . . Δx_n stellen die Fehler vor, welche den gemessenen Größen x_1, x_2, . . . , x_n anhaften; sie seien mit m_1, m_2, . . . m_n bezeichnet. Nachdem die Fehler sehr klein (wenn auch nicht unendlich klein) sind, kann man in der Taylorschen Reihe die Glieder höherer Ordnung vernachlässigen und erhält:

$$\Delta y = q_1 \,.\, m_1 + q_2 \,.\, m_2 + \ldots + q_n \,.\, m_n \quad \ldots\ldots \quad 38)$$

Da wir die Vorzeichen der m nicht kennen, so dürfen wir uns nicht der Hoffnung hingeben, den wahren Wert von Δy berechnen zu können; wir müssen uns mit einem mittleren Werte begnügen, wie es bei der Berechnung von ε in § 19 der Fall war.

Quadriert man die Gleichung 38), so kommt

$$(\Delta y)^2 = q_1{}^2 m_1{}^2 + q_2{}^2 m_2{}^2 + \ldots + q_n{}^2 m_n{}^2 + 2 q_1 m_1 q_2 m_2 + \\ + 2 q_1 m_1 q_3 m_3 + \ldots$$

Die Glieder von der Form $2\,q\,m\,q\,m$ können positiv oder negativ sein. Denkt man sich den m die Vorzeichen $+$ oder $-$ in allen Kombinationen beigelegt, so wird jedes Glied von der Form $2\,q\,m\,q\,m$ ebenso oft positiv als negativ auftreten. Bildet man aus allen (2^n) Werten von $(\Delta y)^2$ das Mittel, so fallen diese Doppelprodukte weg und man erhält daher den mittleren Fehler

$$m = \pm \sqrt{q_1{}^2 m_1{}^2 + q_2{}^2 m_2{}^2 + \ldots + q_n{}^2 m_n{}^2} = \\ = \pm \sqrt{[q^2 m^2]} \quad \ldots\ldots \quad 39)$$

§ 27. Beispiel. Mittlerer Fehler einer barometrischen Höhenmessung.

Aus den Barometerständen zweier Stationen läßt sich deren Höhenunterschied H nach der Formel finden:

$$H = 18464 \left(1 + 0{\cdot}003665 \frac{t_1 + t_2}{2}\right) \log \frac{b_1}{b_2}$$

Darin bedeuten t_1 und b_1 die Lufttemperatur bezw. den Barometerstand der unteren Station, t_2 und b_2 die entsprechenden Größen der oberen Station.

Setzt man z. B. $t_1 = 15^0$ C, $t_2 = 9^0$ C, $b_1 = 715{\cdot}3$ *mm* und $b_2 = 660{\cdot}5$ *mm*, so wird

$$H = 18464\left(1 + 0{\cdot}003665\,\frac{15+9}{2}\right)\log\frac{715{\cdot}3}{660{\cdot}5} = 665{\cdot}3\ m$$

Es handelt sich nun darum, den mittleren Fehler dieses Resultats zu bestimmen. Um die Gleichung 39) anwenden zu können, muß man zunächst die q, d. s. die Differentialquotienten der Funktion H nach den Variablen t_1, t_2, b_1 und b_2, entwickeln.

Es ist $q_1 = \frac{\partial H}{\partial t_1} = 18464\,.\,0{\cdot}003665\,.\,\frac{1}{2}\,.\log\frac{b_1}{b_2} = 1{\cdot}2$

Ebenso groß ist $q_2 = \frac{\partial H}{\partial t_2} = 1{\cdot}2$

Ferner ergibt sich

$$q_3 = \frac{\partial H}{\partial b_1} = 18464\left(1 + 0{\cdot}003665\,\frac{t_1+t_2}{2}\right)0{\cdot}4343\,.\,\frac{1}{b_1} = 11{\cdot}7$$

$$\text{und } q_4 = \frac{\partial H}{\partial b_2} = -\frac{\partial H}{\partial b_1} = -11{\cdot}7$$

Der mittlere Fehler, welcher einer Temperaturmessung anhaftet, sei $m_1 = m_2 = \pm 0{\cdot}1^0$ C angenommen, der mittlere Fehler einer Barometerablesung mit $m_3 = m_4 = \pm 0{\cdot}1\ mm$.

Es ergibt sich also

der durch fehlerhaftes t_1 erzeugte Fehler

$$q_1 m_1 = \pm\ 1{\cdot}2\,.\,0{\cdot}1 = \pm\,0{\cdot}12\ m$$

der durch fehlerhaftes t_2 erzeugte Fehler

$$q_2 m_2 = \pm\ 1{\cdot}2\,.\,0{\cdot}1 = \pm\,0{\cdot}12\ m$$

der durch fehlerhaftes b_1 erzeugte Fehler

$$q_3 m_3 = \pm\ 11{\cdot}7\,.\,0{\cdot}1 = \pm\,1{\cdot}17\ m$$

der durch fehlerhaftes b_2 erzeugte Fehler

$$q_4 m_4 = \pm\ 11{\cdot}7\,.\,0{\cdot}1 = \pm\,1{\cdot}17\ m$$

Folglich ist nach Gleichung 39) der mittlere Fehler m des berechneten Höhenunterschiedes H:

$$m = \pm\sqrt{0{\cdot}12^2 + 0{\cdot}12^2 + 1{\cdot}17^2 + 1{\cdot}17^2} = \pm\ 1{\cdot}66\ m$$

Die Durchführung dieser Rechnung gibt nicht nur über die Größe des zu erwartenden Endfehlers Aufschluß, sondern auch über den Einfluß der Teilfehler $q_1 m_1$, $q_2 m_2$ u. s. w.

auf das Resultat. Man sieht z. B. hier, daß der Fehler in der Bestimmung des Barometerstandes von bedeutend größerem Einflusse ist als der Fehler der Temperaturmessung, solange diese bis auf 0·1° C genau angenommen werden kann. Bei gewöhnlichen Thermometern, die einfach „im Schatten aufgehängt werden", wird dies keineswegs zutreffen, sondern nur bei den Saugethermometern.

§ 28. Mittlerer Fehler einer linearen Funktion. Das sogenannte Fehlerfortschreitungsgesetz.

Wenn die zu berechnende Größe y eine lineare Funktion der beobachteten Größen $x_1, x_2, \ldots x_n$ ist, also von der Form

$$y = a_1 x_1 + a_2 x_2 + \ldots + a_n x_n,$$

so werden die Differentialquotienten q konstante Zahlen, u. zw.

$$q_1 = \frac{\partial y}{\partial x_1} = a_1, \quad q_2 = \frac{\partial y}{\partial x_2} = a_2, \text{ u. s. w.},$$

folglich der mittlere Fehler m von y:

$$m = \pm \sqrt{[a^2 m^2]}$$

Besonders häufig tritt der Fall auf, daß die zu berechnende Größe y die Summe der beobachteten Größen $x_1, x_2, \ldots x_n$ ist, also

$$y = x_1 + x_2 + \ldots + x_n$$

Hier sind die Differentialquotienten gleich 1:

$$q_1 = q_2 = \ldots + q_n = 1,$$

also nach Gleichung 39) der mittlere Fehler m des y:

$$m = \pm \sqrt{[m^2]} \qquad \text{39 a)}$$

Sind die Beobachtungen $x_1, x_2, \ldots x_n$ gleich genau, so kann man deren Fehler $m_1, m_2, \ldots m_n$ gleich groß annehmen. Setzen wir für diesen Betrag den Buchstaben m_o, so ergibt sich der Fehler m der Summe $y = x_1 + x_2 + \ldots + x_n$

mit $m = \pm \sqrt{m_o^2 + m_o^2 + \ldots + m_o^2} = \pm \sqrt{n \,.\, m_o^2}$

$$\text{also } m = \pm m_o \,.\, \sqrt{n} \qquad \text{39 b)}$$

Man sieht aus 39 b) daß der mittlere Fehler einer Summe von n gleich genauen Größen nicht n-mal so groß ist als der mittlere Fehler einer Größe, sondern bloß $\sqrt{n}$-mal so groß. Man nennt dies das Fehlerfortschreitungsgesetz. Die Bedeutung dieses Gesetzes soll an zwei charakteristischen Beispielen erläutert werden.

I. Die Winkel eines n seitigen Polygons wurden mit einem Instrument gemessen, welches bei jeder Winkelmessung einen Fehler von 1′ befürchten läßt. Der mittlere Fehler der Winkelsumme beträgt nicht $n \cdot 1'$, sondern $\sqrt{n} \cdot 1'$. Ergibt sich der Fehler, d. i. der Unterschied zwischen der theoretischen Winkelsumme [d. i. $(n \pm 2)$ 180^0] und der tatsächlichen Winkelsummen mehr als 3mal so groß als $\sqrt{n} \cdot 1'$, so ist der Fehler nach § 12 als „höchst unwahrscheinlich" zu betrachten, d. h., die Messung muß wiederholt werden.

II. Eine Strecke wurde mit Latten gemessen. Betrachtet man berechtigterweise den mittleren Fehler einer Lattenlage als eine konstante Größe, so ergibt sich nach Gleichung 39 b), daß der mittlere Fehler der gemessenen Strecke der Quadratwurzel aus der Anzahl der Lattenlagen, daher auch die Quadratwurzel aus der gemessenen Länge selbst proportional ist.

Das gilt natürlicherweise nur von den unregelmäßigen Fehlern einer Längenmessung, doch sind gerade diese bei nicht allzu langen Strecken von überwiegendem Einflusse.

§ 29. Amtliche Vorschriften.

I. Die österreichische Instruktion zur Ausführung trigonometrischer und polygonometrischer Vermessungen vom Jahre 1904 gibt folgendes an:

1. Zulässige Fehlergrenze für Polygonseiten:

$$\Delta L = 0{\cdot}00015\, L + 0{\cdot}005 \sqrt{L} + 0{\cdot}015 \qquad (\pm 25\%)$$

D. h. die Differenz zwischen den Resultaten einer zweimaligen Messung der Seite L (in Metern) darf diesen Betrag ΔL bei mittleren Terrainverhältnissen nicht überschreiten. Das erste Glied rechterhand stellt den regelmäßigen Fehler dar, das zweite Glied den unregelmäßigen Fehler, welcher noch geduldet wird, also nicht den mittleren Beobachtungsfehler selbst, sondern ein Vielfaches desselben. Das dritte Glied bringt den Fehler zum Ausdruck, der auch bei sehr kurzen Distanzen zu befürchten ist, nämlich den Fehler beim Anlegen und Ablesen des Meßmittels. Der berechnete Betrag ist um 25% zu vermehren, wenn die Verhältnisse sehr ungünstig sind. Unter besonders günstigen Umständen ist aber die Fehlergrenze um 25% zu vermindern.

2. Zulässige Fehlergrenze für Polygonzugsanschlüsse:

$$\Delta L = 0{\cdot}012 \sqrt{L} + 0{\cdot}06$$

3. Für Messungslinienanschlüsse:

$$\Delta L = 0{\cdot}012 \sqrt{L} + 0{\cdot}16$$

4. Zulässiger Schlußfehler in den Winkeln eines Polygonzuges von n Brechungspunkten: $75'' \cdot \sqrt{n}$ $(+ 50\%)$

5. Zulässige Fehlergrenze für Flächenberechnungen:

$\Delta F = 0{\cdot}001\, F + 0{\cdot}50 \sqrt{F}$ Maßstab 1 : 2500 und 1 : 2880
$\Delta F = 0{\cdot}001\, F + 0{\cdot}25 \sqrt{F}$ „ 1 : 1250 „ 1 : 1440
$\Delta F = 0{\cdot}001\, F + 0{\cdot}125 \sqrt{F}$ „ 1 : 625 „ 1 : 720
$\Delta F = 0{\cdot}001\, F + 0{\cdot}40 \sqrt{F}$ „ 1 : 2000
$\Delta F = 0{\cdot}001\, F + 0{\cdot}20 \sqrt{F}$ „ 1 : 1000

Diese Formel zeigt auch das Quadratwurzelgesetz, wenn man das zweite Glied rechterhand als den unregelmäßigen Fehler ansieht. Eine strenge Begründung ist aber nicht möglich, weil der Fehler einer Flächenbestimmung nicht nur von der Größe der Fläche, sondern auch von ihrer Gestalt abhängen muß.

II. Die Verordnung der Ministerien der Justiz und der Finanzen vom 7. Juli 1890 bestimmt in Bezug auf die Genauigkeit von numerischen Aufnahmen, welche von autorisierten Privattechnikern zum Zwecke einer Grundteilung vorgenommen wurden:

1. Der Unterschied zwischen den Längen, welche auf dem Plane kotiert sind oder aus Maßzahlen gerechnet wurden, und den direkt gemessenen Längen in der Natur darf die Größe

$$\Delta L = 0{\cdot}0006\, L + 0{\cdot}02 \sqrt{L} \qquad (\pm 20\%)$$

nicht übersteigen.

2. Wurde die zu kontrollierende Länge dem Plane entnommen, so erhöht sich die obige Fehlergrenze um $\frac{M}{10000}$, worin M die Verjüngungszahl ist.

III. Beim geometrischen Nivellement ergibt sich die endgültige Höhendifferenz als Aggregat der beobachteten Lattenhöhen. Der mittlere Fehler der Höhendifferenz gehorcht daher ebenfalls dem Quadratwurzelgesetze, wenn man annimmt, daß die einzelnen Stationen gleich lang sind.

Über den zulässigen Fehler eines Nivellements (der billigerweise als ein Vielfaches des mittleren Fehlers anzunehmen ist) wurden von einzelnen wenigen Behörden oder Ämtern Bestimmungen erlassen, z. B. von der Statthalterei in Prag für Wasserbauten an der Moldau u. s w. Die internationale Erdmessungskommission gibt als „mittleren Kilometerfehler" 2·5—3·5 *mm* an, das k. k. Militär-geographische Institut 3 *mm*. Bei einem Nivellement von *n km* Länge wird dieser Fehler $\sqrt{n}$- mal 2·5 oder 3·5 *mm*.

§ 30. Zusammenstellung über mittlere Fehler und Gewichte einiger Arten von Messungen.

Im vorigen Paragraphen wurde auch von regelmäßigen Fehlern gesprochen, weil dies zur Erklärung der amtlichen Vorschriften nötig war. Bei Berechnung der Gewichte wird aber von den regelmäßigen Fehlern gewöhnlich abgesehen, da die Vereinigung des regelmäßigen mit dem unregelmäßigen Fehler zu einem „mittleren Fehler" praktische Schwierigkeiten bereitet und eigentlich auch dem Wesen der Sache widerstreitet. Es wird darum der „mittlere Fehler" im folgenden auf die unregelmäßigen Fehler allein zu beziehen sein.

1. Direkte Längenmessung.

Der mittlere Fehler m ist (wie in § 28 nachgewiesen wurde) der Quadratwurzel aus der gemessenen Länge L proportional, also $m = m_0 \sqrt{L}$.

Das Gewicht ist dem Quadrat von m verkehrt proportional, also der Länge L selbst verkehrt proportional:

$$p = \frac{1}{L}$$

2. Indirekte Längenmessung nach Stampfer.

Die Näherungsformel $D = \frac{k}{o - u}$ liefert einen fehlerhaften Wert, wenn die Differenz $o - u$ der Schraubenlesungen unrichtig ist. Man wird die Änderung von D finden, wenn man $o - u$ um einen kleinen Betrag wachsen läßt, d. h., man muß die Distanzformel nach $o - u$ differenzieren:

$$d\,D = -\frac{k}{(o-u)^2}\,d\,(o-u) = -\frac{D^2}{k}\,.\,d\,(o-u).$$

Die Größe $d\,(o - u)$ stellt den mittleren Fehler der Differenz $o - u$ und ist von der Distanz D unabhängig, weil die Kunst der Beobachtung nur darin besteht, den horizontalen Faden so einzustellen, daß die weißen Sektoren der Zieltafel halbiert werden, was stets denselben Anblick bietet. Der mittlere Fehler m der Distanz D ist also dem Quadrat der Distanz proportional und das Gewicht einer Stampferschen Längenmessung der vierten Potenz der Distanz verkehrt proportional: $p = \frac{1}{D^4}$, $m = m_0\,D^2$.

Die Voraussetzung, daß $d\,(o - u)$ konstant sei, trifft aber nicht zu bei trüber Luft oder im grellen Sonnenschein; in diesem Falle ist $d\,(o - u)$ der Distanz D selbst wieder proportional zu setzen, so daß der mittlere Fehler m der dritten Potenz der Distanz proportional und das Gewicht p der sechsten Potenz verkehrt proportional ist:

$$m = m_0\,D^3,\ \mathrm{p} = \frac{1}{D^6}$$

3. Indirekte Distanzmessung nach Reichenbach.

Aus der Formel $D = 100\,l + c$ folgt unmittelbar, daß der Fehler der Distanz 100mal so groß ist als der Fehler des Lattenabschnittes l. Bei genau vertikal gestellter Latte (freihändig soll eben nie gearbeitet werden) kann ein Fehler des Lattenabschnittes nur durch unrichtiges Abschätzen der Millimeter entstehen. Es ist zwar richtig, daß bei größerer Entfernung der Latte der Faden einen größeren Teil des Zentimeterintervalls verdeckt und dadurch die Abschätzung der Millimeter unsicherer wird. Wer aber die Tichýsche „Schule des Zehntelschätzens" durchgearbeitet hat, kann garantieren, daß der Fehler des l $\frac{1}{2}$ *mm* nicht übersteigen wird, also von der Distanz unabhängig ist. Man kann darum unter diesen Umständen annehmen, daß der mittlere Fehler der Distanz konstant sei (< 5 *cm*) und das Gewicht auch konstant, $p = 1$.

Bei starkem Zittern der Luft wird hingegen der Fehler des l mit der Distanz zunehmen, daher auch der mittlere Fehler der berechneten Distanz. Man wird also unter diesen Umständen den mittleren Fehler m der Distanz proportional und das Gewicht dem Quadrat der Distanz verkehrt proportional nehmen: $m = m_0 D$, $p = \frac{1}{D^2}$.

4. Geometrisches Nivellement.

Unter der Voraussetzung gleich langer Stationen gehorcht der mittlere Fehler (wie im § 28 erklärt wurde) dem Quadratwurzelgesetze. Es ist also $m = m_0 \sqrt{L}$ und $p = \frac{1}{L}$, wenn L die Länge der nivellierten Strecke bedeutet.

5. Trigonometrisches Nivellement.

Die Bestimmung des Höhenunterschiedes H zweier Punkte auf trigonometrischem Wege beruht im wesentlichen auf der Formel $H' = D\, tg\, \alpha$, worin H' den Höhenunterschied zwischen dem anvisierten Punkte und der horizontalen Drehachse des Fernrohres, D die Horizontaldistanz und α den Vertikalwinkel der Visur bedeutet. Ein Fehler in der Distanz macht nicht viel aus, weil er an und für sich klein ist und noch dazu mit $tg\, \alpha$ (einer gewöhnlich auch recht kleinen Zahl) multipliziert wird. Wichtiger ist der Einfluß eines Fehlers im Vertikalwinkel. Verändert sich α

um einen kleinen Betrag $d\alpha$ (eben den Beobachtungsfehler des Winkels), so verändert sich H' um

$$d\,H' = \frac{D}{\cos^2 \alpha}\, d\alpha$$

Da sich $\cos^2 \alpha$ nicht viel von der Einheit unterscheidet, so kann man mit genügender Annäherung sagen, daß der mittlere Fehler $d\,H'$ der Höhendifferenz der Horizontaldistanz proportional, das Gewicht also dem Quadrat der Distanz verkehrt proportional sei: $m = m_0\, D$, $p = \frac{1}{D^2}$.

6. Winkelmessung.

I. Einfache Winkelmessung.

Bezeichnet man den Ablesefehler an einem Nonius mit $\mathfrak{a}$ und den Visurfehler mit $\mathfrak{v}$, so ergibt sich der mittlere Fehler des arithmetischen Mittels aus beiden Noniusablesungen nach Gleichung 32) mit $\frac{\mathfrak{a}}{\sqrt{2}}$ und daher der mittlere Fehler der in das Protokoll eingetragenen „Richtung nach dem linken Objekt" mit

$$\pm \sqrt{\left(\frac{\mathfrak{a}}{\sqrt{2}}\right)^2 + \mathfrak{v}^2} = \pm \sqrt{\frac{\mathfrak{a}^2}{2} + \mathfrak{v}^2}.$$

Ebenso groß ist auch der mittlere Fehler der „Richtung nach dem rechten Objekt". Die Differenz dieser beiden Richtungen gibt den gemessenen Winkel, dessen mittlerer Fehler sich wieder nach Gleichung 39 b) berechnen*) läßt;

$$m = \pm \sqrt{\left(\frac{\mathfrak{a}^2}{2} + \mathfrak{v}^2\right) 2} = \pm \sqrt{\mathfrak{a}^2 + 2\,\mathfrak{v}^2}$$

Bei Theodoliten mit 10—20″ Noniusangabe verschwindet der Visurfehler $\mathfrak{v}$ neben dem Ablesefehler $\mathfrak{a}$, so daß man den

*) Man sieht, daß der mittlere Fehler des Winkels $\sqrt{2}$mal so groß ist als der mittlere Fehler einer Richtung und folglich das Gewicht einer Winkelmessung $\frac{1}{2}$mal so groß als das Gewicht einer Richtungsbeobachtung.

mittleren Fehler m des Winkels als konstant (gleich dem Ablesefehler) annehmen kann. Es ist also $m = \mathfrak{a}$ und $p = 1$.*)

II. Wiederholte Winkelmessung.

Wird ein Winkel bei verstelltem Limbus n-mal gemessen, so beträgt der mittlere Fehler des arithmetischen Mittels nach Gleichung 32) $\mu = \frac{m}{\sqrt{n}}$. Er ist also $\sqrt{n}$-mal kleiner als der mittlere Fehler m einer einfachen Winkelmessung. Das Gewicht einer n-fachen Winkelmessung ist dem μ^2 verkehrt, folglich dem n direkt proportional zu setzen, also $p = n$, d. h. Gewicht = Wiederholungszahl.

III. Repetitionsmessung.

Bei der Messung eines Winkels durch Repetition wird bekanntlich nur am Anfange und am Ende der Messung abgelesen, d. i. nach n-maliger Repetition.

Die Differenz dieser Ablesungen gibt den n-fachen Winkel. Die hiebei auftretenden Fehler sind: der Fehler des Nonienmittels $\frac{\mathfrak{a}}{\sqrt{2}}$ (kommt 2mal vor), der Fehler der Visur $\mathfrak{v}$ (kommt $2\,n$-mal vor). Der mittlere Fehler des n-fachen Winkels ist also nach Gleichung 39 b) zu berechnen:

$$m_n = \pm \sqrt{\left(\frac{\mathfrak{a}}{\sqrt{2}}\right)^2 2 + \mathfrak{v}^2 . 2\,n} = \pm \sqrt{\mathfrak{a}^2 + 2\,n\,\mathfrak{v}^2}$$

der Fehler des einfachen Winkels ist $\frac{1}{n}$-tel davon, also:

$$m = \pm \frac{1}{n} \sqrt{\mathfrak{a}^2 + 2\,n\,\mathfrak{v}^2}$$

Bei Nonientheodoliten ist $\mathfrak{a}^2$ gewöhnlich noch immer bedeutend größer $2\,n\,\mathfrak{v}^2$, so daß man das zweite Glied unter dem Wurzelzeichen vernachlässigen kann. Man hat dann annähernd genug $m = \frac{\mathfrak{a}}{n}$ und folglich $p = n^2$.

---

*) Die österreichische Vermessungsinstruktion v. J. 1904 bestimmt darum, daß im Dreiecksnetze vierter Ordnung die Gewichte der Winkel gleich 1 genommen werden sollen.

Sollte aber $2 n \mathfrak{v}^2$ bedeutend größer sein als $\mathfrak{a}^2$ — was nur bei hoher Repetitionszahl und kleinem Ablesefehler (Mikroskoptheodolit) möglich ist — so kann man obige Gleichung für m umformen:

$$m = \pm \frac{1}{\sqrt{n}} \sqrt{\frac{\mathfrak{a}^2}{n} + 2 \mathfrak{v}^2} \doteq \pm \frac{1}{\sqrt{n}} \cdot \mathfrak{v} \sqrt{2}$$

Es wird dann der mittlere Fehler des einfachen Winkels der Quadratwurzel aus der Repetitionszahl verkehrt proportional sein, das Gewicht also der Repetitionszahl selbst direkt proportional: $p = n$.

E. Vermittelnde oder indirekte Beobachtungen.

§ 31. Erklärung der Aufgabe.

Es kommt — besonders bei der Bestimmung von Konstanten eines Instruments — häufig der Fall vor, daß gewisse Größen, die man kennen lernen will, nicht direkt beobachtet werden können, wohl aber andere Größen, welche mit den ersteren in einem bekannten theoretischen Zusammenhange stehen.

Man weiß z. B. aus der Theorie des Polarplanimeters, daß die umfahrene Fläche (bei „Pol innen")

$$F = a D \pi \cdot n + (a^2 + 2 a b + c^2) \pi,$$

worin a die Länge des Fahrarmes, b die Länge des Rollenarmes, c die Länge des Polarmes und D den Durchmesser der Rolle bedeutet, während n die Anzahl der Rollenumdrehungen angibt.

Da es fast unmöglich ist, die Größen a, b, c und D direkt mit der erforderlichen Genauigkeit zu messen, so bringt man die Formel auf die einfachere Form

$$F = k \cdot n + K,$$

worin $k = a D \pi$ und $K = (a^2 + 2 a b + c^2) \pi$, und bestimmt die Konstanten k und K des Instruments, auf die es ja beim praktischen Gebrauche desselben allein ankommt, durch Vermittlung beobachteter Werte von F und n; d. h., man umfährt mehrere Flächen von bekanntem Inhalte F_1, F_2, F_3, ... und beobachtet die entsprechenden Umdrehungszahlen n_1, n_2, n_3, ... der Rolle.

Man hat nun die Gleichungen

$$\begin{aligned} F_1 &= k \,.\, n_1 + K \\ F_2 &= k \,.\, n_2 + K \\ F_3 &= k \,.\, n_3 + K \\ &\ldots\ldots \end{aligned}$$

Bei fehlerlosem Arbeiten wäre es eigentlich nur nötig, 2 Gleichungen aufzustellen, da nur 2 Unbekannte — nämlich k und K — vorliegen. Weil aber die Manipulationen mit dem Apparat und die Ablesungen unvermeidlichen Fehlern unterliegen, so werden auch die berechneten Unbekannten fehlerhaft sein. Es muß daher erwünscht sein, die Unbekannten durch Heranziehung von mehr als 2 Gleichungen zu berechnen und sie derart zu bestimmen, daß sie sich allen diesen Gleichungen möglichst gut anpassen. Ein vollkommen genaues Anpassen an irgend eine Gleichung ist überhaupt nicht zu erwarten, da nichts in den Gleichungen vollkommen genau ist, weder die F noch die n, daher auch nicht die daraus irgendwie berechneten Unbekannten k und K.

Vom mathematischen Standpunkte läßt sich also die Aufgabe allgemein so formulieren: Aus Gleichungen, deren Anzahl größer ist als die Anzahl der darin vorkommenden Unbekannten, sind diese so zu bestimmen, daß sie sich allen Gleichungen möglichst gut anpassen.

§ 32. Allgemeine Entwicklung des Problems. Normalgleichungen.

Wenn die Gleichungen, aus welchen die Unbekannten berechnet werden sollen, von höherem Grade oder transzendent sind, so wird man dieselben — zur Erleichterung der Rechnung — zunächst auf die lineare Form zurückführen. Man entwickelt zu diesem Behufe jede der Gleichungen

$\Phi = f(x, y, z, \ldots)$ nach der Taylorschen Reihe: $\Phi =$
$$= f(x_0, y_0, z_0, \ldots) + \frac{\partial f}{\partial x} \Delta x_0 + \frac{\partial f}{\partial y} \Delta y_0 + \frac{\partial f}{\partial z} \Delta z_0 + \ldots$$

Als Hauptwerte $x_0, y_0, z_0 \ldots$ nimmt man solche Werte der Unbekannten an, welche das Gleichungssystem annähernd befriedigen. Man kann zu solchen Werten gelangen, indem man aus dem System ebenso viele Gleichungen herausgreift, als Unbekannte vorhanden sind, und diese Gleichungen auflöst. Ein allgemein gültiges Verfahren läßt sich für diese Art der Auflösung nicht angeben, ja es gibt Fälle, wo die Auflösung in geschlossener Form überhaupt nicht möglich ist. Man muß dann zum „Raten und Probieren" greifen, wobei manchmal das Logarithmieren der Gleichungen oder die Verwendung von Tafeldifferenzen gute Dienste leisten. Die Schwierigkeit, eine erste Annäherung zu finden, die man daher auch Näherungswerte nennt, betrifft nur die Vorbereitung des ganzen Problems und kann der Methode der kleinsten Quadrate nicht zum Vorwurf gemacht werden. Man müßte sich derselben Mühe unterziehen, wenn überhaupt nicht mehr Beobachtungen angestellt worden wären, als Unbekannte vorhanden sind. Nachdem die Hauptwerte $x_0, y_0, z_0, \ldots$ gefunden, setzt man sie in die Ausdrücke für $\frac{\partial f}{\partial x}, \frac{\partial f}{\partial y}, \frac{\partial f}{\partial z}, \ldots$ ein und hat nun die Koeffizienten der Unbekannten $\Delta x_0, \Delta y_0, \Delta z_0, \ldots$, welche als Verbesserungen der Hauptgrößen $x_0, y_0, z_0, \ldots$ aufzufassen sind. Nachdem die Funktionswerte Φ durch Beobachtung bekannt und die Ausdrücke $f(x_0, y_0, z_0, \ldots)$ nach Einsetzung der Hauptwerte berechnet worden sind, erscheinen die Gleichungen in linearer Form, wobei die Verbesserungen $\Delta x_0, \Delta y_0, \Delta z_0, \ldots$ als Unbekannte zu betrachten sind.

Wir werden daher im folgenden die Gleichungen als linear annehmen:

$$\left.\begin{array}{l} o_1 = a_1 x + b_1 y + c_1 z + \ldots \\ o_2 = a_2 x + b_2 y + c_2 z + \ldots \\ o_3 = a_3 x + b_3 y + c_3 z + \ldots \\ \ldots\ldots\ldots\ldots\ldots \end{array}\right| \begin{array}{c} n \text{ Vermittlungsgleichungen} \\ \text{mit } r \text{ Unbekannten} \\ x, y, z, \ldots \\ \text{wobei } n > r. \end{array}$$

Die Größen a, b, c, . . . sind durch Beobachtung oder — wie oben erläutert — durch Berechnung bekannt, ebenso die o. Die Größen x, y, z, . . . sind nun so zu bestimmen, daß sie sich den gegebenen Gleichungen möglichst gut anschließen. Setzt man diese irgendwie erhaltenen „besten Werte" von x, y, z, . . . in die erste Gleichung ein, so erhält man nicht o_1, sondern einen Wert o_1', der allerdings sehr nahe an o_1 liegen wird. Der Unterschied $o_1' - o_1$ ist der „scheinbare Fehler der ersten Gleichung"; er werde mit v_1 bezeichnet. Ebenso könnte man die Fehler v_2, v_3, . . . der übrigen Gleichungen bestimmen. Es ist also:

$$\left.\begin{array}{l} v_1 = o_1' - o_1 = a_1 x + b_1 y + c_1 z - o_1 \\ v_2 = o_2' - o_2 = a_2 x + b_2 y + c_2 z - o_2 \\ v_3 = o_3' - o_3 = a_3 x + b_3 y + c_3 z - o_3 \\ \dots\dots\dots\dots\dots \end{array}\right\} \quad \dots\dots \quad 40)$$

das System der Fehlergleichungen.

Die Werte von x, y, z, . . . können nach unserem allgemeinen in § 15 aufgestellten Grundsatze dann als die besten bezeichnet werden, wenn $[p\,v\,v]$ ein Minimum wird, wobei wir — der Allgemeinheit wegen — die Werte o_1, o_2, o_3, . . . mit verschiedener Genauigkeit, also auch mit verschiedenen Gewichten p_1, p_2, p_3, . . . behaftet denken.

Der Ausdruck $[p\,v\,v]$ würde sich — nach Gleichung 40) entwickelt — als eine Funktion von x, y, z, . . . darstellen. Er wird für jene Werte der Variablen x, y, z, . . . ein Minimum liefern, für welche

$$\frac{\partial [p\,v\,v]}{\partial x} = 0, \frac{\partial [p\,v\,v]}{\partial y} = 0, \frac{\partial [p\,v\,v]}{\partial z} = 0, \dots\dots \quad 41)$$

Anstatt der Summe $[p\,v\,v]$ differenzieren wir jeden Summanden $p_1 v_1 v_1$, $p_2 v_2 v_2$, $p_3 v_3 v_3$, . . . für sich und addieren nachher. Nun ist

$$\text{I. } \frac{\partial (p_1 v_1 v_1)^{*)}}{\partial x} = p_1 v_1 \frac{\partial v_1}{\partial x} = p_1 (a_1 x + b_1 y + c_1 z + \dots - o_1) a_1 =$$
$$= p_1 a_1 a_1 x + p_1 a_1 b_1 y + p_1 a_1 c_1 z + \dots - p_1 a_1 o_1$$

*) p_1 ist eine Konstante, $v_1 v_1 = v_1^2$ eine Funktion von $x, y, z \dots$

$$\frac{\partial (p_2 v_2 v_2)}{\partial x} = p_2 v_2 \frac{\partial v_2}{\partial x} = p_2 (a_2 x + b_2 y + c_2 z + \ldots - o_2) a_2 =$$
$$= p_2 a_2 a_2 x + p_2 a_2 b_2 y + p_2 a_2 c_2 z + \ldots - p_2 a_2 o_2$$

. . . .

Folglich die Summe:

$$\frac{\partial [p v v]}{\partial x} = (p_1 a_1 a_1 + p_2 a_2 a_2 + \ldots) x +$$
$$+ (p_1 a_1 b_1 + p_2 a_2 b_2 + \ldots) y + \ldots - (p_1 a_1 o_1 + p_2 a_2 o_2 + \ldots)$$

Dieser Ausdruck soll nach Gleichung 41) gleich Null sein, also:

$$(p_1 a_1 a_1 + p_2 a_2 a_2 + \ldots) x + (p_1 a_1 b_1 + p_2 a_2 b_2 + \ldots) y + \ldots =$$
$$= p_1 a_1 o_1 + p_2 a_2 o_2 + \ldots$$

oder in symbolischer Form geschrieben:

$$[p a a] x + [p a b] y + [p a c] z + \ldots = [p a o] \quad . \quad . \quad . \quad . \quad 42_x)$$

II. $$\frac{\partial (p_1 v_1 v_1)}{\partial y} = p_1 v_1 \frac{\partial v_1}{\partial y} = p_1 (a_1 x + b_1 y + c_1 z + \ldots - o_1) b_1 =$$
$$= p_1 a_1 b_1 x + p_1 b_1 b_1 y + p_1 b_1 c_1 z + \ldots - p_1 b_1 o_1$$

$$\frac{\partial (p_2 v_2 v_2)}{\partial y} = p_2 v_2 \frac{\partial v_2}{\partial y} = p_2 (a_2 x + b_2 y + c_2 z + \ldots - o_2) b_2 =$$
$$= p_2 a_2 b_2 x + p_2 b_2 b_2 y + p_2 b_2 c_2 z + \ldots - p_2 b_2 o_2$$

. . . .

Folglich die Summe:

$$\frac{\partial [p v v]}{\partial y} = (p_1 a_1 b_1 + p_2 a_2 b_2 + \ldots) x +$$
$$+ (p_1 b_1 b_1 + p_2 b_2 b_2 + \ldots) y + \ldots - (p_1 b_1 o_1 + p_2 b_2 o_2 + \ldots)$$

Dieser Ausdruck soll nach Gleichung 41) der Null gleich sein, also:

$$(p_1 a_1 b_1 + p_2 a_2 b_2 + \ldots) x + (p_1 b_1 b_1 + p_2 b_2 b_2 + \ldots) y + \ldots =$$
$$= p_1 b_1 o_1 + p_2 b_2 o_2 + \ldots$$

oder in symbolischer Form geschrieben:

$$[p a b] x + [p b b] y + [p b c] z + \ldots = [p b o] \quad . \quad . \quad . \quad . \quad 42_y)$$

III. In derselben Weise könnte man auch $\frac{\partial [p v v]}{\partial z}$ berechnen und Null setzen. Man würde dadurch zu einer Gleichung gelangen, die ähnlich gebaut ist wie die Gleichungen 42_x) und 42_y); es wird nur in dieser Gleichung der zweite Buchstabe in den Klammern ein anderer geworden sein, nämlich *c* anstatt *a* oder *b*. Also:

$$[p\,a\,c]\,x + [p\,b\,c]\,y + [p\,c\,c]\,z + \ldots = [p\,c\,o] \quad . \quad . \quad . \quad . \quad 42_z)$$

Das Bildungsgesetz der Gleichungen $42_{x,y,z}$), welche aus Gleichung 41) hervorgegangen sind, ist leicht erkennbar, wenn man die Ableitung, ohne auf das Detail einzugehen, überblickt; es genügt die Betrachtung der ersten Zeile von I und II.

Schreibt man die Gleichungen $42_{x,y,z}$) zusammen, so erhält man das System:

$$\left.\begin{array}{l} [p\,a\,a]\,x + [p\,a\,b]\,y + [p\,a\,c]\,z + \ldots = [p\,a\,o] \\ [p\,a\,b]\,x + [p\,b\,b]\,y + [p\,b\,c]\,z + \ldots = [p\,b\,o] \\ [p\,a\,c]\,x + [p\,b\,c]\,y + [p\,c\,c]\,z + \ldots = [p\,c\,o] \\ \ldots\ldots\ldots\ldots\ldots\ldots\ldots\ldots \end{array}\right\} \quad . \quad . \quad . \quad 42)$$

Es sind dies die sogenannten **Normalgleichungen**, durch deren Auflösung diejenigen Werte der Unbekannten $x, y, z, \ldots$ erhalten werden, welche sich den Beobachtungen am besten anschließen, indem sie $[p\,v\,v]$ zu einem Minimum machen.

Die Normalgleichungen können aus den Vermittlungsgleichungen von der Form $a\,x + b\,y + c\,z + \ldots = o$ leicht gebildet werden, indem man diese allgemeine Form einmal mit $p\,a$, dann mit $p\,b, p\,c$ u. s. w. multipliziert und die Koeffizienten in eine [ ] Klammer setzt. Die Anzahl der Normalgleichungen stimmt mit der Anzahl der Unbekannten überein, weil die Normalgleichungen aus den Relationen $\frac{\partial\,[p\,v\,v]}{\partial\,x} = 0$, $\frac{\partial\,[p\,v\,v]}{\partial\,y} = 0 \ldots$ hervorgegangen sind, deren es ebenso viele gibt als Unbekannte. Die linke Seite des Normalgleichungssystems läßt sich daher wie eine Determinante in einem quadratischen Schema anordnen. Die Glieder $[p\,a\,a]\,x$, $[p\,b\,b]\,y$, $[p\,c\,c]\,z, \ldots$ heißen quadratische Glieder und bilden die sogenannte Hauptdiagonale. Koeffizienten, welche zur Hauptdiagonale symmetrisch liegen, sind gleich.

Die Normalgleichungen werden häufig so geschrieben, daß man alle Glieder, welche unterhalb der Hauptdiagonale liegen, wegläßt und die quadratischen Glieder unterstreicht.

Karl Friedrich Gauß, der Erfinder der Methode der kleinsten Quadrate, hat zugleich einen Algorithmus, ein mechanisches Rechnungsverfahren, angegeben, durch dessen Anwendung die Auflösung des Gleichungssystems sehr erleichtert wird. Doch würde die Besprechung des Gaußschen Verfahrens zu weit führen*).

Sind die Beobachtungen o gleich genau, so kann man die Gewichte $p_1 = p_2 = p_3 = \ldots = 1$ setzen. Die Normalgleichungen nehmen dann die einfachere Form an:

$$\left.\begin{array}{l} [a\,a]\,x + [a\,b]\,y + [a\,c]\,z + \ldots = [a\,o] \\ [a\,b]\,x + [b\,b]\,y + [b\,c]\,z + \ldots = [b\,o] \\ [a\,c]\,x + [b\,c]\,y + [c\,c]\,z + \ldots = [c\,o] \\ \ldots\ldots\ldots\ldots\ldots\ldots\ldots\ldots \end{array}\right\} \quad \ldots\ldots \quad 43)$$

An dieser Form der Normalgleichungen kann man leicht die Folgen erkennen, welche eine Veränderung der ursprünglichen Vermittlungsgleichungen mit sich führt. Multipliziert man eine derselben (z. B. die erste) mit einer beliebigen Zahl l, so wird a_1, b_1, c_1, . . . o_1 l-mal größer. Die Ausdrücke $[a\,a]$, $[a\,b]$, u. s. w. verändern sich, weil das erste Glied jeder Summe (nämlich $a_1\,a_1$ resp. $a_1\,b_1 \ldots$) l^2-mal größer wurde. Die Summe ist aber nicht l^2-mal größer geworden. Man kommt also dadurch auf ein ganz anderes System von Normalgleichungen, daher auch auf andere Werte der Unbekannten x, y, z, . . .

Die Multiplikation einer einzelnen Vermittlungsgleichung hat denselben Effekt, als ob man dieser ein anderes Gewicht beilegte. Es ist daher auch bei den Vermittlungsgleichungen, welche bereits mit verschiedenem Gewichte ausgerüstet sind,

*) Die österreichische Vermessungsinstruktion vom Jahre 1904 schreibt einfach vor: es ist jede Gleichung durch den Koeffizienten ihrer ersten Unbekannten zu dividieren und dann die erste der dividierten Gleichungen von den übrigen zu subtrahieren. Dieses Verfahren ist fortzusetzen, bis man die letzte Unbekannte bestimmt hat. Wie man die übrigen Unbekannten findet, ist leicht einzusehen.

nicht gestattet, einzelne derselben mit irgend einer Zahl zu multiplizieren oder zu dividieren, wozu man sich im Interesse einer Vereinfachung der Gleichungen leicht veranlaßt sehen könnte. Es wäre hingegen erlaubt, alle Gleichungen des Systems mit derselben Zahl zu multiplizieren oder zu dividieren, was ja auch bei allen Gewichten erlaubt ist.

Man darf auch nicht die Vermittlungsgleichungen irgend einer Operation unterwerfen (Quadrieren, Logarithmieren u. s. w.): Der Fehler der ursprünglichen Gleichung ist ein anderer als der Fehler der veränderten (quadrierten, etc.) Gleichung und hängt mit jenem nicht in einfacher Weise zusammen. Es ist daher im allgemeinen nicht gleichgültig, ob man die Summe dieser oder jener Fehlerquadrate zu einem Minimum macht. In dieser Beziehung wird nur der Umstand entscheidend sein, ob man die fragliche Operation unter Einführung von Näherungswerten $x_0, y_0, z_0, \ldots$ und Verbesserungen $\Delta x_0, \Delta y_0, \Delta z_0, \ldots$ in einer konvergenten Reihe entwickeln kann, welche man bei den Gliedern erster Ordnung abbrechen darf.

§ 33. Beispiele.

I. Bei der Bestimmung der Konstanten eines Polarplanimeters wurde gefunden:

Durchmesser D:	Umdrehungszahl n:	Fläche F:
56·104 *cm*	+ 6·105	2467·75 *cm*²
47·023 *cm*	— 1·433	1736·09 *cm*²
38·389 *cm*	— 7·276	1162·45 *cm*²
29·293 *cm*	— 12·125	673·94 *cm*²
20·157 *cm*	— 15·652	319·11 *cm*²

Die umfahrenen Figuren waren Kreise, deren Durchmesser bis auf 0·02 *mm* genau gemessen wurden, so daß der Fehler im berechneten Flächeninhalte erst in der vierten bis fünften geltenden Stelle zum Ausdrucke kommt. Von viel größerem Einflusse wird der Umstand sein, daß man bei der Umfahrung der Figur von der gezeichneten Kreislinie abwich.*)

*) Die Genauigkeit hängt auch von der Stellung des Instruments ab. Bei nahezu gestreckter Lage wird es viel schwieriger sein, die Kontur

Dieser Fehler wird nach dem Fortschreitungsgesetze (§ 28) der Quadratwurzel aus dem Umfange proportional sein. Das Gewicht jeder Flächenbestimmung ist also dem Umfange (oder dem Durchmesser) verkehrt proportional zu setzen. Danach wurden die Gewichtszahlen abgerundet mit 9 : 10 : 13 : 17 : 25 angenommen.

Der Pol stand innerhalb der Figuren, es muß also die Planimetergleichung $F = k \, . \, n + K$ genommen werden, oder, unter Einführung der Bezeichnungen des § 31, in der Form $o = a\,x + b\,y$, worin $o = F$, $a = n$, $b = 1$, $x = k$ und $y = K$.

Die Angaben und die Zwischenresultate werden tabellarisch verzeichnet.

p	*a*	*b*	*o*	*paa*	*pab*	*pbb*	*pao*	*pbo*
9	+ 6·105	1	2467·75	335·44	+ 54·945	9	+ 135.591	22.210
10	- 1·433	1	1736·09	20·53	— 14·330	10	— 24.878	17.361
13	- 7·276	1	1162·45	688·22	— 94·588	13	— 109.956	15.112
17	— 12·125	1	673·94	2499·27	— 206·125	17	— 138.914	11.457
25	- 15·652	1	319·11	6124·63	— 391·300	25	— 124.868	7.978
				9668·09	— 651·398	74	— 263.025	74.118

Die Normalgleichungen lauten also:

$$\left.\begin{array}{rl} \text{"}\;9668{\cdot}09\,x \cdot 651{\cdot}398\,y = - & 263025 \\ -\,651{\cdot}398\,x + 74\;\;\;\;\,y = + & 74118 \end{array}\right|$$

Als Auflösung ergibt sich daraus

$$x = 98{\cdot}9851 \text{ und } y = 1872{\cdot}93$$

und somit die Instrumentalgleichung des Polarplanimeters:

$$F = 98{\cdot}9851\,n + 1872{\cdot}93$$

Für den praktischen Gebrauch wird man sich mit einer Abkürzung der Koeffizienten begnügen und annehmen:

$$F = 99{\cdot}0\,n + 1873$$

beim Umfahren einzuhalten. Es sollten daher die Gewichte von o_2 und o_3, wo dieser Fall eintrat, bedeutend verkleinert werden. Wir werden später darauf zurückkommen.

II. Bei einem Taschennivellierinstrument, das mit einem Reichenbachschen Distanzmesser versehen ist, wurde gefunden:

Distanz	$D = 10{\cdot}000\ m$,	Lattenabschnitt	$l = 0{\cdot}103\ m$
„	$D = 20{\cdot}000\ m$	„	$l = 0{\cdot}209\ m$
„	$D = 30{\cdot}000\ m$	„	$l = 0{\cdot}314\ m$
„	$D = 40{\cdot}000\ m$	„	$l = 0{\cdot}419\ m$

Es sind danach in der Distanzformel $D = Cl + c$ die Konstanten C und c zu berechnen.

Hier ist es geraten, die Konstante c nicht nach der Methode der kleinsten Quadrate, sondern am Instrument direkt zu bestimmen, was in der Weise geschieht, daß man zur Länge des Objektivrohres (d. i. ungefähr die Brennweite) den Abstand der Objektivlinse von der Vertikalachse des Instruments addiert. Es ergab sich $c = 0.18\ m$. Man vermeidet auf diese Art die Unzuträglichkeit, daß die Fehler, welche dem ganzen Verfahren anhaften, möglicherweise auf eine Größe geworfen werden, die einer Korrektur am wenigsten bedarf. Die in § 31 erläuterte Methode gibt leider kein Mittel an die Hand, die Fehler der einzelnen Unbekannten von vornherein in einem bestimmten plausiblen Verhältnisse zu halten. In einer Richtung ist darin ein Vorzug der Methode zu erblicken, weil unglaubwürdige Resultate (z. B. ein negatives c im vorliegenden Beispiele) auf eine mangelhafte Arbeit schließen lassen. Doch ist es sehr schwierig, für die Glaubwürdigkeit der Resultate von vorne herein eine feste Grenze anzugeben. Man soll darum, wenn es möglich ist, eine oder die andere Konstante der Instrumentalgleichung durch ein besonderes Verfahren mit größerer Genauigkeit zu bestimmen, dieses Verfahren anwenden. So wäre es auch im I. Beispiele angezeigt gewesen, die Konstante k bei „Pol außen" zu ermitteln und dann erst K bei „Pol innen" zu bestimmen.

Nach dieser praktisch wichtigen Abschweifung kehren wir zu unserer Aufgabe zurück.

Wir schreiben die Distanzformel $D = Cl + c$ in der üblichen Form $o = ax$, worin $o = D - c$, $a = l$ und $x = C$ bedeutet.

Die Gewichte der einzelnen Beobachtungen o nehmen wir mit Rücksicht auf die besonders kurzen Distanzen als gleich an, also $p_1 = p_2 = p_3 = p_4 = 1$. Die Rechnung stellt sich nun so:

a	o	$a\,a$	$a\,o$
0·103	9·82	0·010609	1·01146
0·209	19·82	0·043681	4·14238
0·314	29·82	0·098596	9·36348
0·419	39·82	0·175561	16·68458
		0·328447	31·20190

Die Normalgleichung lautet

$$0{\cdot}328447\,x = 31{\cdot}20190$$

und daraus folgt die Unbekannte

$$x = 94{\cdot}9983 \sim 95{\cdot}0 + C$$

Hätte man die additionelle Konstante c nicht direkt ermittelt, sondern die Aufgabe als solche mit zwei Unbekannten, nämlich C und c, behandelt, so wäre man zu dem Resultat gelangt:

$$C = 94{\cdot}97$$
$$c = 0{\cdot}19$$

III. Mehrfaches Vorwärtseinschneiden.

Von den Punkten $A_1, A_2 \ldots$, deren Koordinaten bekannt sind, wurde nach P visiert und wurden die orientierten Richtungen dieser Visuren bestimmt. Die um 180° geänderten Zahlen geben die Richtungen der Strahlen von dem gesuchten Punkte P nach den gegebenen Punkten $A_1, A_2, \ldots$ In der beistehenden Fig. 2 ist nur einer der gegebenen Punkte, nämlich A_1, verzeichnet und die orientierte Richtung von $P A_1$ (als Südwinkel) mit R_0 angeben. Bringt man zwei solcher Strahlen durch Rechnung zum Schnitt, so erhält man den „vorläufigen" Punkt P' mit den Koordinaten $\mathfrak{x}$ und $\mathfrak{y}$*). Eine weitere Rechnung liefert

*) Es ist theoretisch gleichgültig, ob der vorläufige Punkt durch den Schnitt zweier Strahlen bestimmt oder willkürlich angenommen wurde. Er muß nur dem wahren Punkte nahe liegen.

auch den vorläufigen Südwinkel σ' von $P' A_1$ und die Abweichung ω zwischen $P A_1$ und $P' A_1$. Das Auftreten einer solchen Abweichung $\omega = \sigma' - R_0$ zeigt an, daß sich die von $A_1, A_2, \ldots$ ausgehenden Strahlen rechnungsgemäß nicht in einem Punkte schneiden, weil in den R_0 unvermeidliche Beobachtungsfehler stecken. Es handelt sich nun darum, einen „verbesserten" Punkt P'' zu finden, der sich der Gesamtheit aller gegen ihn zielenden Strahlen möglichst anschließt. Die Koordinaten des Punktes P'' werden also nicht mehr $\mathfrak{x}$ und $\mathfrak{y}$, sondern $\mathfrak{x} + \delta\,\mathfrak{x}$ und $\mathfrak{y} + \delta\,\mathfrak{y}$ lauten, worin $\delta\,\mathfrak{x}$ und $\delta\,\mathfrak{y}$ die unbekannten

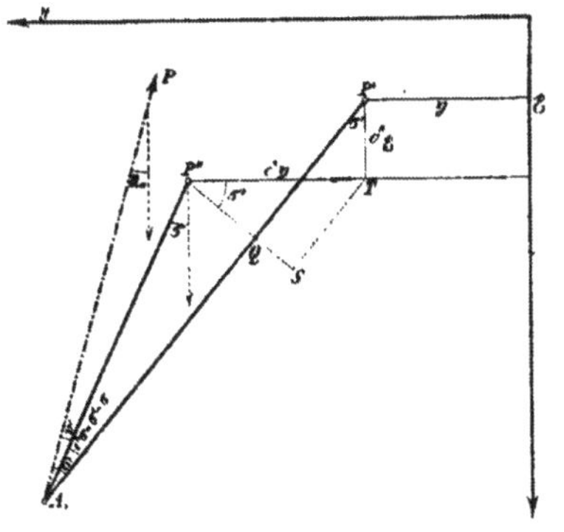

Fig. 2.

Verbesserungen sind. Der „verbesserte" Südwinkel (d. i. der Südwinkel von $P'' A_1$) heiße σ, die Abweichung zwischen $P A_1$ und $P'' A_1$, also zwischen dem beobachteten und dem verbesserten Strahle, heiße v. Der Punkt P'' wird dann die beste Lage besitzen, wenn $[v\,v]$ ein Minimum ist.

Die Bedingung $[v\,v] = \text{Min}$ ist aber in dieser Form nicht unmittelbar verwendbar, weil sie die Unbekannten $\delta\,\mathfrak{x}$ und $\delta\,\mathfrak{y}$ nicht enthält und auch nicht die Größe σ', welche mit jenen im Zusammenhange steht. Wir führen daher σ' in der Weise ein, daß wir setzen

$$v = \sigma - R_0 = (\sigma - \sigma') + (\sigma' - R_0) = -\,\delta\,\sigma + \omega$$

worin wie früher $\omega = \sigma' - R_0$ und $\sigma' - \sigma$ laut Figur gleich $\delta\,\sigma$

$\delta\,\sigma$ zeigt sich in der Figur als Abweichung zwischen $P''\,A_1$ und $P'\,A_1$. Man kann diesen Winkel berechnen, u. zw. indem man $P''\,S \perp A_1\,P'$ und $S\,T \parallel A_1\,P'$ zieht. Dann ist

$$P''\,Q = P''\,S - Q\,S = \delta\,\mathfrak{y} \cos\sigma' - \delta\,\mathfrak{x} \sin\sigma' \text{ und folglich}$$

$$\sin\delta\,\sigma = \frac{P''\,Q}{P''\,A_1} = \frac{\delta\,\mathfrak{y}\cos\sigma' - \delta\,\mathfrak{x}\sin\sigma'}{P''\,A_1}$$

Weil $\delta\,\sigma$ ein sehr kleiner Winkel ist, so kann man den Sinus durch den Bogen ersetzen. Es ist ferner auch erlaubt, die unbekannte Seite $P''\,A_1$ mit der bekannten $P'\,A_1 = s$ zu vertauschen, so daß man erhält

$$\delta\,\sigma = \frac{\delta\,\mathfrak{y}\cos\sigma'}{s} - \frac{\delta\,\mathfrak{x}\sin\sigma'}{s}$$

Wünscht man den Winkel in Sekunden, so multipliziert man bekanntlich mit der Zahl 206265:

$$\delta\,\sigma = 206265''\,\frac{\delta\,\mathfrak{y}\cos\sigma'}{s} - 206265''\,\frac{\delta\,\mathfrak{x}\sin\sigma'}{s}$$

Nun ergibt sich (in Sekunden)

$$v = 206265\,\frac{\sin\sigma'}{s}\,\delta\,\mathfrak{x} - 206265\,\frac{\cos\sigma'}{s}\,\delta\,\mathfrak{y} + \omega.$$

Führt man die Berechnung der Koeffizienten $206265\,\frac{\sin\sigma'}{s}$, $-\,206265\,\frac{\cos\sigma'}{s}$ und ω für alle Punkte $A_1, A_2, \ldots.$ durch, so erhält man Gleichungen von der Form

$$\left.\begin{array}{l} v_1 = a_1\,.\,\delta\,\mathfrak{x} + b_1\,.\,\delta\,\mathfrak{y} + \omega_1 \\ v_2 = a_2\,.\,\delta\,\mathfrak{x} + b_2\,.\,\delta\,\mathfrak{y} + \omega_2 \\ \ldots\ldots\ldots\ldots \end{array}\right\}$$

Das sind aber nichts anderes als Fehlergleichungen zu den Bedingungen

$$\left.\begin{array}{l} a_1\,.\,\delta\,\mathfrak{x} + b_1\,.\,\delta\,\mathfrak{y} = -\,\omega_1 \\ a^2.\,\delta\,\mathfrak{x} + b_2\,.\,\delta\,\mathfrak{y} = -\,\omega_2 \\ \ldots\ldots\ldots\ldots \end{array}\right\}$$

welche bei fehlerfreien Beobachtungen erfüllt werden müßten, wo ja alle beobachteten Richtungen $A\,P$ durch den verbesserten Punkt P'' hindurchgehen. Das mehrfache Vorwärtseinschneiden ist dadurch auf das Problem der vermittelnden Beobachtungen zurückgeführt.

§ 34. Mittlerer Fehler einer Gleichung.

Setzt man (wie zur Probe) die aus den Normalgleichungen gerechneten Unbekannten in die g Gleichungen für o ein, so wird man finden, daß die Gleichungen nicht genau befriedigt werden, da ja die Beobachtungen o mit kleinen, unvermeidlichen Fehlern behaftet sind. Man erhält so die in Gleichung 40) angegebenen Fehler $v_1, v_2, \ldots v_g$. Es handelt sich darum, einen mittleren Wert für die Fehler v zu finden.

Wir wollen dieses Problem zunächst unter der Voraussetzung behandeln, daß allen Gleichungen dasselbe Gewicht ($p = 1$) zukommt.

Es wäre unrichtig den mittleren Fehler m nach dem in § 20 ausgesprochenen Satze zu berechnen, indem man $g \,.\, m^2 = [v\,v]$ setzt, weil es sich hier nicht um den Mittelwert von wahren Fehlern handelt, die voneinander unabhängig sind. Wüßte man die wahren Fehler von u Gleichungen (worin u die Anzahl der Unbekannten bedeutet), so könnte man diese Gleichungen berichtigen, also u fehlerlose Gleichungen aufstellen, aus welchen sich die Unbekannten fehlerlos ergeben würden. Die Fehler der übrigen $g - u$ Gleichungen wären dann vollständig bestimmt. Man sieht daraus, daß man bei der Ausgleichung der Fehler nur über $g - u$ derselben frei verfügen kann. Man muß also $[v\,v]$ auf $g - u$ Fehler verteilen, so daß

$$(g - u)\, m^2 = [v\,v]$$

und daraus

$$m = \pm \sqrt{\frac{[v\,v]}{g - u}} \quad \ldots\ldots\ldots\ldots\ldots \quad 44)$$

Wenn den Beobachtungen o verschiedene Gewichte p_1, $p_2, \ldots p_n$ zukommen, so ersetzt man die Beobachtung:

o_1 mit dem Gewichte p_1 durch p_1 Beobachtungen vom Gewichte 1
o_2 „ „ „ p_2 „ p_2 „ „ „ 1
. . . .
o_g „ „ „ p_g „ p_g „ „ „ 1

Die Summe der Fehlerquadrate, d. i. $[p\,v\,v]$, muß nun auf $g-u$ unabhängige Fehler verteilt werden.

Es ist also

$$(g-u)\,m^2 = [p\,v\,v] \text{ und}$$

$$m = \pm\sqrt{\frac{[p\,v\,v]}{g-u}} = \pm\sqrt{\frac{[p\,v\,v]}{\text{Anz. d. Gl.} - \text{Anz. d. Unbek.}}} \quad 45)$$

Das ist der „mittlere Fehler der Gewichtseinheit“. Sein Wert verändert sich, wenn man — was immer erlaubt ist — die Gewichte p mit ein und derselben Zahl multipliziert. Er ist eine fiktive Größe wie der mittlere Fehler der Gewichtseinheit bei direkten Beobachtungen ungleicher Genauigkeit. Man braucht ihn aber zur Berechnung der mittleren Fehler $m_1, m_2, \ldots m_g$ der einzelnen Beobachtungen $o_1, o_2, \ldots o_g$. Diese ergeben sich aus m durch Anwendung der Gleichung 37) wie folgt:

$$\left.\begin{aligned} m_1 &= \frac{m}{\sqrt{p_1}} \\ m_2 &= \frac{m}{\sqrt{p_2}} \\ &\cdots\cdots \\ m_g &= \frac{m}{\sqrt{p_g}} \end{aligned}\right\} \quad \ldots\ldots \quad 46)\,^*)$$

Man nennt diese Größen auch die „mittleren Fehler der einzelnen Gleichungen“, und zwar berechtigterweise, weil es ja eigentlich darauf ankommt, die Fehler zu erfahren, welche die Gleichungen befürchten lassen, und nicht die Fehler, welche den direkten Beobachtungen o als solchen anhaften.

*) Die mittleren Fehler dieser Gleichungen bleiben ungeändert, wenn man die Gewichte mit einer beliebigen Zahl multipliziert, wie es ja von vornherein zu erwarten war.

§ 35. Anwendung auf die Beispiele des § 33.

I. Polarplanimeter. Um die mittleren Fehler m_1, m_2, ... m_5 der Gleichungen berechnen zu können, muß man vor allem die scheinbaren Fehler v_1, v_2, ... v_5 bestimmen. Zu diesem Zwecke setzt man in die Planimetergleichung $F = 98{\cdot}9851\, n + 1872{\cdot}93$ die beobachteten Werte der Umdrehungszahlen n ein und ermittelt den Unterschied zwischen den planimetrisch bestimmten Werten der einzelnen Flächen und den geometrischen Werten, welche sich aus der Berechnung mittels des abgemessenen Durchmessers ergeben haben. Es ist dabei gleichgültig, in welchem Sinne man den Unterschied nehmen will (planimetrischer minus geometrischer Wert oder umgekehrt), nur muß man die einmal gefaßte Absicht beibehalten, da es bei der einzuschaltenden Kontrollrechnung auf das Vorzeichen der Glieder ankommt. (Im vorliegenden Beispiel wurde die erste Auffassung zur Anwendung gebracht.) Die Kontrollrechnung besteht in der Untersuchung, ob $\frac{\partial [p v v]}{\partial x}$ und $\frac{\partial [p v v]}{\partial y}$ wirklich Null sind, wie es der Bedingung für ein Minimum von $[p v v]$ entspricht. Aus der Gleichung $v_1 = a_1 x + b_1 y + \ldots - o_1$ ergibt sich aber, daß $\frac{\partial (p_1 v_1 v_1)}{\partial x} = 2 p_1 v_1 \frac{\partial v_1}{\partial x} = 2 p_1 v_1 a_1$, also in Summe $\frac{\partial [p v v]}{\partial x} = 2 [p v a]$. Es muß daher $[p v a] = 0$ sein.

Die zweite Bedingung $\frac{\partial [p v v]}{\partial y} = 0$ liefert analog

$$[p v b] = 0$$

Die Kontrollen bestehen also in den Gleichungen

$$\left.\begin{array}{l} [p v a] = 0 \\ [p v b] = 0 \\ [p v c] = 0 \\ \ldots\ldots\ldots \end{array}\right\}$$

Es empfiehlt sich, zuerst die einzelnen v zu rechnen, dann die $p\,v$, die $p\,v\,a$, $p\,v\,b$ und endlich die $p\,v\,v$. Die Genauigkeit, mit welcher die Zwischenrechnungen auszuführen sind, hängt von der Genauigkeit ab, mit der die Fehler v berechnet wurden.

Die Ergebnisse werden tabellarisch zusammengestellt, wobei noch daran erinnert werden soll, daß die a laut § 32 I nichts anderes sind als die beobachteten Umdrehungszahlen n, während die b gleich 1 zu setzen sind.

p	v	a	b	$p\,v\,a$	$p\,v\,b$	$p\,v\,v$
9	+ 9·48	+ 6·105	1	+ 520·9	+ 85·32	809
10	− 5·01	− 1·433	1	+ 71·8	− 50·10	251
13	− 9·74	− 7·276	1	+ 921·3	− 126·62	1233
17	− 1·21	− 12·125	1	+ 249·4	− 20·57	25
25	+ 4·51	− 15·652	1	− 1764·8	+ 112·75	509
				+ 1763·4	+ 198·07	2827
				− 1764·8	− 197·29	
				− 1·4	+ 0·78	

Die Kontrollen für $[p\,v\,a]$ und $[p\,v\,b]$ scheinen sehr schlecht zu stimmen, indem die verbleibenden Reste 1 bezw. 4‰ der Beträge ausmachen, welche sich theoretisch aufheben sollen. Doch entspricht dies der Genauigkeit, mit der die v gerechnet wurden (3 geltende Stellen).

Der mittlere Fehler m der Gewichtseinheit ergibt sich nach Gleichung 45)

$$m = \pm \sqrt{\frac{2827}{5-2}} = \pm\, 30{\cdot}7$$

und daraus die Fehler der einzelnen Gleichungen nach Gleichung 46)

$$m_1 = \frac{m}{\sqrt{p_1}} = \pm \frac{30{\cdot}7}{\sqrt{9}} = \pm 10{\cdot}2\, cm^2$$

$$m_2 = \frac{m}{\sqrt{p_2}} = \pm \frac{30{\cdot}7}{\sqrt{10}} = \pm\, 9{\cdot}7\, cm^2$$

$$m_3 = \frac{m}{\sqrt{p_3}} = \pm \frac{30{\cdot}7}{\sqrt{13}} = \pm\, 8{\cdot}5\, cm^2$$

$$m_4 = \frac{m}{\sqrt{p_4}} = \pm \frac{30·7}{\sqrt{17}} = \pm\, 7·5\, cm^2$$

$$m_5 = \frac{m}{\sqrt{p_5}} = \pm \frac{30·7}{\sqrt{25}} = \pm\, 6·1\, cm^2$$

Daß die mittleren Fehler $m_1 \ldots m_5$ mit den scheinbaren Fehlern v nicht übereinstimmen, rührt daher, daß die m einem einfachen mathematischen Gesetze unterliegen (sie sind verkehrt proportional zu $\sqrt{p}$), die v aber den Gesetzen des Zufalles — wie die Beobachtungen, aus denen sie hervorgegangen sind.

II. Reichenbachscher Distanzmesser. Man hat zunächst wieder die scheinbaren Fehler v_1, v_2, v_3, v_4 zu bestimmen. Zu diesem Zwecke setzt man in die Distanzgleichung $D - 0·18 = 94·9983\, l$ die beobachteten Werte des Lattenabschnittes l ein und bestimmt die Unterschiede zwischen den solcherart berechneten und den direkt gemessenen Werten der Distanz. Im vorliegenden Beispiele wurden die Unterschiede in dem Sinne „tachymetrisch gemessener minus direkt gemessener Wert" genommen und als „v" in die folgende Tabelle eingetragen. Als „a" ist (der allgemeinen Form der Vermittlungsgleichungen entsprechend) der jeweilige Lattenabschnitt l zu nehmen. Die Gewichte p sind durchwegs gleich 1.

v	a	$v\,a$	$v\,v$
— 0·035	0·103	— 0·0036	0·001225
+ 0·035	0·209	+ 0·0073	0·001225
+ 0·009	0·314	+ 0·0028	0·000081
— 0·016	0·419	— 0·0067	0·000256
		+ 0·0101	0·002787
		— 0·0103	
		— 0·0002	

Die Kontrolle $[v\,a] = o$ stimmt hinreichend genau. Der mittlere Fehler der Gewichtseinheit ergibt sich nach Gleichung 45)

$$m = \pm\sqrt{\frac{0{\cdot}002787}{4-1}} = \pm 0{\cdot}030$$

Der mittlere Fehler einer Gleichung oder Beobachtung o (d. i. $D - 0{\cdot}18\,m$) ergibt sich nach Gleichung 46)

$$m_1 = m_2 = m_3 = m_4 = \frac{0{\cdot}030}{\sqrt{1}} = 0{\cdot}030\,m.$$

§ 36. Mittlerer Fehler einer Unbekannten.

Die Unbekannten x, y, z, welche aus den Normalgleichungen bestimmt wurden, sind mit Fehlern behaftet, weil zu ihrer Berechnung die fehlerhaften Werte $o_1, o_2, \ldots o_n$ benützt wurden. Würde man eine Unbekannte aus den Normalgleichungen in allgemeiner Form berechnen, so müßte sich ein Ausdruck ergeben, in welchem alle o vorkommen. Es läßt sich also jede Unbekannte als Funktion der Beobachtungen o darstellen. Nachdem die mittleren Fehler der o (das sind die $m_1, m_2, \ldots m_n$) bekannt sind, kann man den mittleren Fehler einer Unbekannten (als den „mittleren Fehler einer Funktion") nach den Regeln des § 26 berechnen.

Um z. B. x zu finden, verfahren wir in ähnlicher Weise, wie es in der niederen Algebra bei der „Methode der gleichen Koeffizienten" geschieht. Wir multiplizieren die Gleichungen mit solchen Zahlen (Korrelaten genannt), daß — nach erfolgter Summierung der Gleichungen — die Glieder mit y und z verschwinden. Heißen die mit den Korrelaten k_1', k_2' bezw. k_3' multiplizierten Normalgleichungen*)

$$\left.\begin{aligned} k_1'[a\,a]\,x + k_1'[a\,b]\,y + k_1'[a\,c]\,z &= k_1'[a\,o] \\ k_2'[a\,b]\,x + k_2'[b\,b]\,y + k_2'[b\,c]\,z &= k_2'[b\,o] \\ k_3'[a\,c]\,x + k_3'[b\,c]\,y + k_3'[c\,c]\,z &= k_3'[c\,o] \end{aligned}\right\} \quad \ldots\ldots \quad 47)$$

so müssen die Beziehungen stattfinden

$$\begin{aligned} k_1'[a\,b] + k_2'[b\,b] + k_3'[b\,c] &= 0 \\ k_1'[a\,c] + k_2'[b\,c] + k_3'[c\,c] &= 0 \end{aligned}$$

Wir haben vorläufig für die 3 Korrelaten 2 Bedingungsgleichungen und können also noch eine dritte Gleichung

*) Es wurden vorläufig die Gewichte gleich 1 angenommen.

wählen. Um die Rechnung recht bequem zu gestalten, setzen wir fest, daß der Koeffizient von x nach erfolgter Summierung der Gleichungen 47) gleich 1 werde. Wir erhalten auf diese Weise 3 Bedingungsgleichungen für die 3 Korrelaten, nämlich

$$\left.\begin{array}{l} k_1'[a\,a]+k_2'[a\,b]+k_3'[a\,c]=1 \\ k_1'[a\,b]+k_2'[b\,b]+k_3'[b\,c]=0 \\ k_1'[a\,c]+k_2'[b\,c]+k_3'[c\,c]=0 \end{array}\right\} \quad \ldots\ldots\ldots \quad 48_x)$$

Aus diesen 3 Gleichungen könnten die bisher unbekannten Korrelaten berechnet werden. Würde man die gefundenen Werte für die k' in die Gleichungen 47) einsetzen, so erhielte man nach erfolgter Summierung

$$1 \,.\, x+0 \,.\, y+0 \,.\, z=k_1'[a\,o]+k_2'[b\,o]+k_3'[c\,o]$$

oder

$$x=k_1'[a\,o]+k_2'[b\,o]+k_3'[c\,o]$$

Entwickelt man diesen Ausdruck nach den einzelnen o, so kommt

$$x=(k_1'a_1+k_2'b_1+k_3'c_1)\,o_1+(k_1'a_2+k_2'b_2+k_3'c_2)\,o_2+ \\ \ldots\ldots+(k_1'a_n+k_2'b_n+k_3'c_n)\,o_n$$

oder, wenn wir für die Ausdrücke in den runden Klammern neue Buchstabengrößen einführen:

$$x=\alpha_1\,o_1+\alpha_2\,o_2+\ldots\ldots+\alpha_n\,o_n$$

Es wurde also x wirklich als eine Funktion der einzelnen Beobachtungsgrößen $o_1, o_2, \ldots o_n$ dargestellt. Sind nun die o mit dem mittleren Fehler m behaftet, so ergibt sich der mittlere Fehler m_x von x nach Gleichung 39):

$$m_x=\sqrt{\alpha_1^2 m^2+\alpha_2^2 m^2+\ldots+\alpha_n^2 m^2}=\pm\, m\sqrt{[\alpha\,\alpha]} \quad . \; 49)$$

Damit wäre die Aufgabe gelöst.

Es handelt sich nur darum, für die Größe $[\alpha\,\alpha]$ einen möglichst einfachen Wert zu finden.

Wir wollen zunächst die α durch ihre Gleichungen definieren.

$$\left.\begin{array}{l} \alpha_1=k_1'a_1+k_2'b_1+k_3'c_1 \\ \alpha_2=k_1'a_2+k_2'b_2+k_3'c_2 \\ \ldots\ldots\ldots\ldots\ldots \\ \alpha_n=k_1'a_n+k_2'b_n+k_3'c_n \end{array}\right\} \quad \ldots\ldots\ldots\ldots \quad 50)$$

Wir multiplizieren die erste dieser Gleichungen mit α_1, die zweite mit α_2 u. s. w. und addieren:

$$[\alpha\,\alpha] = k_1'\,[a\,\alpha] + k_2'\,[b\,\alpha] + k_3'\,[c\,\alpha] \quad \ldots\ldots\ldots\ldots \quad 51)$$

Jetzt sind noch die Ausdrücke $[a\,\alpha]$, $[b\,\alpha]$, und $[c\,\alpha]$ zu entwickeln. Zu diesem Ende multiplizieren wir zunächst die Gleichungen 50) bezüglich mit $a_1, a_2, \ldots a_n$ und erhalten nach erfolgter Summierung:

$$[a\,\alpha] = k_1'\,[a\,a] + k_2'\,[a\,b] + k_3'\,[a\,c]$$

Das ist aber nach der ersten Korrelatengleichung 48_x) nichts anderes als 1. Also

$$[a\,\alpha] = 1$$

Um $[b\,\alpha]$ zu finden, multiplizieren wir die Gleichungen 50) bezüglich mit $b_1, b_2 \ldots . b_n$ und addieren; es kommt

$$[b\,\alpha] = k_1'\,[a\,b] + k_2'\,[b\,b] + k_3'\,[b\,c]$$

Das ist aber nach der zweiten Korrelatengleichung 48_x) gleich Null. Also

$$[b\,\alpha] = 0$$

Um $[c\,\alpha]$ zu finden, multiplizieren wir die Gleichungen 50) bezüglich mit $c_1, c_2, \ldots c_n$ und addieren; es kommt

$$[c\,\alpha] = k_1'\,[a\,c] + k_2'\,[b\,c] + k_3'\,[c\,c]$$

Das ist aber nach der dritten Korrelatengleichung 48_x) auch gleich Null. Also

$$[c\,\alpha] = 0$$

Setzt man die Werte für $[a\,\alpha]$, $[b\,\alpha]$ und $[c\,\alpha]$ in Gleichung 51) ein, so ergibt sich:

$$[\alpha\,\alpha] = k'_1 \,.\, 1 + k_2' \,.\, 0 + k_3' \,.\, 0$$

oder

$$[\alpha\,\alpha] = k_1'$$

eine sehr einfache Beziehung, so einfach, als man anfangs kaum hoffen durfte. Man sieht, daß leidenschaftslose Beharrlichkeit manchmal doch zu einem schönen Ziele führt.

Der Wert für den mittleren Fehler m_x, der nach den Gleichungen 49) und 50) zwar definiert, aber nur nach langwieriger Rechnerei zahlenmäßig zu bestimmen wäre, ergibt sich also einfach aus folgender Relation:

$$m = \pm m \sqrt{k_1'} \quad \ldots\ldots\ldots\ldots\ldots\ldots \quad 52x)$$

Die Größe k_1' muß aus den Korrelatengleichungen 48) bestimmt werden. Da ist eine weitere „Vereinfachung" nicht mehr möglich.

Um den mittleren Fehler m_y der zweiten Unbekannten (d. i. y) zu ermitteln, wird man in ähnlicher Weise vorgehen: man multipliziert die Normalgleichungen mit den Korrelaten k_1'', k_2'', k_3'' und setzt fest, daß nach erfolgter Summierung der Koeffizient von y gleich 1 und die Koeffizienten der anderen Unbekannten 0 werden. Die Korrelatengleichungen werden daher lauten:

$$\left.\begin{aligned} k_1''[aa] + k_2''[ab] + k_3''[ac] &= 0 \\ k_1''[ab] + k_2''[bb] + k_3''[bc] &= 1 \\ k_1''[ac] + k_2''[bc] + k_3''[cc] &= 0 \end{aligned}\right\} \quad \ldots\ldots\ldots \quad 48_y)$$

Man hätte dieses Gleichungssystem aus dem System 48_x) sofort durch zyklische Vertauschung ableiten können, wie ja auch die Normalgleichungen selbst, eine aus der anderen, durch zyklische Vertauschungen abgeleitet werden können.

Die Korrelatengleichungen zur Bestimmung des mittleren Fehlers m_z der dritten Unbekannten (z) werden daher lauten:

$$\left.\begin{aligned} k_1'''[aa] + k_2'''[ab] + k_3'''[ac] &= 0 \\ k_1'''[ab] + k_2'''[bb] + k_3'''[bc] &= 0 \\ k_1'''[ac] + k_2'''[bc] + k_3'''[cc] &= 1 \end{aligned}\right\} \quad \ldots\ldots\ldots \quad 48_z)$$

Die mittleren Fehler m_y und m_z ergeben sich analog zur Gleichung 52):

$$\left.\begin{aligned} m_y &= \pm m \sqrt{k_2''} \\ m_z &= \pm m \sqrt{k_3'''} \end{aligned}\right\} \quad \ldots\ldots\ldots\ldots\ldots\ldots \quad 52_{y,z})$$

Die Verwandtschaft der Korrelatengleichungen mit den Normalgleichungen ist augenscheinlich. Die linken Seiten können ohne weiteres hingeschrieben werden, indem man in den Normalgleichungen die x, y, z durch k_1', k_2', k_3' bezw. k_1'', k_2'', k_3'' oder k_1''', k_2''', k_3''' ersetzt, je nachdem man den mittleren Fehler der 1., 2., oder 3. Unbekannten berechnen will.

Die rechten Seiten lauten 1, 0, 0 bezw. 0, 1, 0 oder 0, 0, 1. Der mittlere Fehler einer Unbekannten ergibt sich, wenn man den mittleren Fehler m einer Gleichung mit der Quadratwurzel aus der entsprechend bezeichneten „quadratischen" Korrelate multipliziert, wobei die Korrelaten von der Form k_1' bezw. k_2'' oder k_3''' im übertragenen Sinne als „quadratische" bezeichnet werden mögen.

Die Ableitung bleibt im wesentlichen ungeändert, wenn man den Beobachtungen o verschiedene Gewichte $p_1, p_2, \ldots p_n$ zulegt. Die Korrelatengleichungen lauten dann:

$$\left.\begin{array}{l} k_1'[p\,a\,a] + k_2'[p\,a\,b] + k_3'[p\,a\,c] = 1 \\ k_1'[p\,a\,b] + k_2'[p\,b\,b] + k_3'[p\,b\,c] = 0 \\ k_1'[p\,a\,c] + k_2'[p\,b\,c] + k_3'[p\,c\,c] = 0 \end{array}\right\} \quad \ldots\ldots \quad 53_x)$$

und x ergibt sich wieder als Funktion der o in der Form

$$x = \alpha_1\,o_1 + \alpha_2\,o_2 + \ldots + \alpha_n\,o_n$$

worin

$$\left.\begin{array}{l} \alpha_1 = k_1'\,p_1\,a_1 + k_2'\,p_1\,b_1 + k_3'\,p_1\,c_1 \\ \alpha_2 = k_1'\,p_2\,a_2 + k_2'\,p_2\,b_2 + k_3'\,p_2\,c_2 \\ \ldots\ldots\ldots\ldots\ldots \\ \ldots\ldots\ldots\ldots\ldots \\ \alpha_n = k_1'\,p_n\,a_n + k_2'\,p_n\,b_n + k_3'\,p_n\,c_n \end{array}\right\} \quad \ldots\ldots\ldots \quad 54)$$

Bezeichnet man die mittleren Fehler von $o_1, o_2, \ldots o_n$ mit $m_1, m_2, \ldots m_n$, so folgt daraus der mittlere Fehler des x nach § 28:

$$m_x = \pm\sqrt{\alpha_1^2\,m_1^2 + \alpha_2^2\,m_2^2 + \ldots + \alpha_n^2\,m_n^2}$$

Da laut Gleichung 46)

$m_1 = \dfrac{m}{\sqrt{p_1}},\ m_2 = \dfrac{m}{\sqrt{p_2}}, \ldots m_n = \dfrac{m}{\sqrt{p_n}}$ ist, worin m den mittleren Fehler der Gewichtseinheit bedeutet, so geht die Gleichung für m_x in die Form über:

$$m_x = \pm\sqrt{\frac{\alpha_1^2}{p_1}m^2 + \frac{\alpha_2^2}{p_2}m^2 + \ldots + \frac{\alpha_n^2}{p_n}m^2} =$$

$$= \pm\, m\sqrt{\left[\frac{\alpha\,\alpha}{p}\right]} \quad \ldots\ldots\ldots\ldots \quad 55)$$

Um den Ausdruck $\left[\frac{\alpha\,\alpha}{p}\right]$ zu erhalten, multipliziert man die Gleichungen 54) der Reihe nach mit $\frac{\alpha_1}{p_1}, \frac{\alpha_2}{p_2}, \ldots \frac{\alpha_n}{p_n}$ (wobei die p rechterhand verschwinden) und erhält nach erfolgter Summierung

$$\left[\frac{\alpha\,\alpha}{p}\right] = k_1'\,[a\,\alpha] + k_2'\,[b\,\alpha] + k_3'\,[c\,\alpha] \quad \ldots\ldots \quad 56)$$

Durch Multiplikation der Gleichungen 54) mit den entsprechenden a, b oder c erhält man nach erfolgter Summierung

$$\left.\begin{aligned} [a\,\alpha] &= k_1'\,[p\,a\,a] + k_2'\,[p\,a\,b] + k_3'\,[p\,a\,c] \\ [b\,\alpha] &= k_1'\,[p\,a\,b] + k_2'\,[p\,b\,b] + k_3'\,[p\,b\,c] \\ [c\,\alpha] &= k_1'\,[p\,a\,c] + k_2'\,[p\,b\,c] + k_3'\,[p\,c\,c] \end{aligned}\right\}$$

Die Ausdrücke rechterhand sind aber aus den Korrelatengleichungen 53) bekannt, sie sind bezw. 1, 0, 0. Unter Berücksichtigung dieses Ergebnisses nimmt die Gleichung 56) die einfache Form an: $\left[\frac{\alpha\,\alpha}{p}\right] = k_1'$.

Damit geht Gleichung 55) in die Form über

$$m_x = \pm\, m\,\sqrt{k_1'} \quad \ldots\ldots \quad 57_x)$$

Die mittleren Fehler der anderen Unbekannten ergeben sich analog:

$$\left.\begin{aligned} m_y &= \pm\, m\,\sqrt{k_2''} \\ m_z &= \pm\, m\,\sqrt{k_3'''} \end{aligned}\right\} \quad \ldots\ldots \quad 57_{y,z})$$

und die dazu gehörigen Korrelatengleichungen

$$\left.\begin{aligned} k_1''\,[p\,a\,a] + k_2''\,[p\,a\,b] + k_3''\,[p\,a\,c] &= 0 \\ k_1''\,[p\,a\,b] + k_2''\,[p\,b\,b] + k_3''\,[p\,b\,c] &= 1 \\ k_1''\,[p\,a\,c] + k_2''\,[p\,b\,c] + k_3''\,[p\,c\,c] &= 0 \end{aligned}\right\} \quad \ldots \quad 53_y)$$

beziehungsweise

$$\left.\begin{aligned} k_1'''\,[p\,a\,a] + k_2'''\,[p\,a\,b] + k_3'''\,[p\,a\,c] &= 0 \\ k_1'''\,[p\,a\,b] + k_2'''\,[p\,b\,b] + k_3'''\,[p\,b\,c] &= 0 \\ k_1'''\,[p\,a\,c] + k_2'''\,[p\,b\,c] + k_3'''\,[p\,c\,c] &= 1 \end{aligned}\right\} \quad \ldots \quad 53_z)$$

Es soll noch die Homogenität der Gleichungen 57), die nicht so durchsichtig ist, untersucht werden. Multipliziert man alle Gewichte p mit einer beliebigen Zahl A, so werden die Korrelaten — wie man z. B. aus der ersten der Gleichungen 53) erkennt — $\sqrt{A}$-mal kleiner, m wird aber — da $m = \pm\sqrt{\frac{[p\,v\,v]}{g-u}}$ ist — $\sqrt{A}$-mal größer, folglich ist m_x von der Einheit, welche man den Gewichten zu Grunde legt, unabhängig, wie es auch sein muß.

Der mittlere Fehler m der Gewichtseinheit hängt nach Gleichung 45) unter sonst gleichen Umständen von der Größe $[p\,v\,v]$ ab. Die Unbekannten wurden aber so bestimmt, daß $[p\,v\,v]$ ein Minimum wird. Die Methode der kleinsten Quadrate liefert also diejenigen Werte der Unbekannten, für welche der mittlere Fehler m der Gewichtseinheit und damit auch die mittleren Fehler m_1, m_2, m_3, ... der Gleichungen sowie auch die mittleren Fehler m_x, m_y, m_z, ... der berechneten Unbekannten selbst ein Minimum werden, was keiner anderen Art der Ausgleichung nachgerühmt werden könnte, es sei denn, daß der ohnedies willkürliche Begriff des mittleren Fehlers und der damit zusammenhängende des Gewichtes anders definiert werde.*) Es wird später gezeigt werden, daß die direkten und die noch zu behandelnden bedingten Beobachtungen auf vermittelnde zurückgeführt werden können, so daß der ganze Komplex der Ausgleichungsaufgaben unter diesen Gesichtspunkt gestellt werden kann.

§ 37. Anwendung auf die Beispiele des § 33.

I. Um den mittleren Fehler m_x der Unbekannten x in der Planimetergleichung zu berechnen, stellt man zuerst die Korrelatengleichungen für k' auf:

$$\left.\begin{aligned} k_1'\,9668{\cdot}09 - k_2'\,651{\cdot}398 &= 1 \\ -k_1'\,651{\cdot}398 + k_2'.74 &= 0 \end{aligned}\right\}$$

*) Werden die Gewichte nicht nach der Theorie des Zufalles sondern nach dem Prinzip des Gleichgewichtes festgestellt, so erfolgt die Ausgleichung nach der verallgemeinerten „Methode der kleinsten Produkte", von welcher die Methode der kleinsten Quadrate ein spezieller Fall ist.

Durch Auflösung dieser Gleichungen erhält man

$$k_1' = 0{\cdot}000254$$

also $m_x = m\sqrt{k_1'} = \pm 30{\cdot}7 . \sqrt{0.000254} = \pm 0{\cdot}49$

Um den mittleren Fehler m_y der Unbekannten y der Planimetergleichung zu finden, stellt man die entsprechenden Korrelatengleichungen für k'' auf:

$$\left.\begin{array}{l} k_1''\,9668\,09 - k_2''\,651{\cdot}398 = 0 \\ -k_1''\,651{\cdot}398 + k_2''\,74 \qquad = 1 \end{array}\right\}$$

Daraus folgt die quadratische Korrelate k_2'':

$$k_2'' = 0{\cdot}0332$$

also $m_y = m\sqrt{k_2''} = \pm 30{\cdot}7\sqrt{0{\cdot}0332} = 5{\cdot}59 \doteq 5{\cdot}6\ cm^2$

Die Fehler in der Konstantenbestimmung machen ungefähr 5‰ bezw. 5·6 cm^2 aus, wovon letzterer besonders bei kleineren Flächen ganz bedeutend ins Gewicht fällt. Eine Planimetergleichung, in welcher die Konstanten so unsicher sind, würde in einem praktischen Falle selbst bei tadelloser Arbeit Fehler liefern können, welche das gewöhnliche Maß weit überschreiten, das man bei einer Planimetrierung erwarten darf. Es würde für die unvermeidlichen Fehler (Ungenauigkeit beim Umfahren, Gleiten der Rolle u. s. w.) sozusagen nichts übrig bleiben.

Die mittleren Fehler der Unbekannten bieten, wie man in diesem Falle sieht, nicht nur eine Kritik für die Genauigkeit der Arbeit, sondern auch für die Wahl der Methode, wenn man in erstere kein Mißtrauen zu setzen braucht.

Es wäre eben besser gewesen — wie an einem früheren Orte bereits gesagt wurde — zuerst die faktorielle Konstante x bei Pol außen und dann die additionelle Konstante y bei Pol innen zu bestimmen, u. zw. letzteres unter Hinweglassung der zwei größten Kreise, bei deren Umfahrung sich das Instrument in nahezu gestreckter Lage befand. Daß diese Lage gefährlich ist, geht aus den durchschnittlichen Ablesefehlern an der Rolle hervor, welche durch dreimaliges Umfahren jedes der fünf Kreise gefunden wurden. Die gefundenen Zahlen lauten 0·011, 0·008, 0·001, 0·003, 0·002 Rollenumdrehungen.

II. Die Normalgleichung zur Bestimmung der Konstante x (d. i. C) des indirekten Distanzmessers lautete:

$$0{\cdot}328447\,x = 31{\cdot}20190$$

Die Korrelatengleichung lautet dementsprechend

$$0{\cdot}328447\,k_1' = 1$$

Daraus folgt

$$k_1' = 3{\cdot}05$$

Der mittlere Fehler m_x der Unbekannten ergibt sich nun nach Gleichung 57)

$$m_x = \pm\,0{\cdot}0304\,.\sqrt{3{\cdot}05} = 0{\cdot}053$$

Die Konstante C der Distanzformel $D = Cl + c$ wurde daher bis auf $\frac{1}{2}{}^0/_{00}$ genau bestimmt, so daß der Fehler, welchen man bei Anwendung der Distanzformel $D = 95\,l + 0{\cdot}18$ zu befürchten hat, weit unter der Grenze liegt, die man bei praktischen Arbeiten aus anderen Ursachen zu erwarten hat. Man kann daher das Ergebnis der Konstantenbestimmung als befriedigend ansehen.

§ 38. Zusammenhang zwischen direkten und vermittelnden Beobachtungen.

Wenn man eine Größe mehreremal direkt gemessen und für sie die Werte o_1, o_2, . . . o_n gefunden hat, so kann man für diese ihrem wahren Werte nach unbekannte Größe x die Beziehungen aufstellen:

$$\left.\begin{array}{l} x = o_1 \\ x = o_2 \\ \cdot\;\cdot\;\cdot \\ \cdot\;\cdot\;\cdot \\ \cdot\;\cdot\;\cdot \\ x = o_n \end{array}\right\} \quad \ldots\ldots\ldots\ldots \quad 58)$$

Die Größe x ist so zu bestimmen, daß sie sich den aufgestellten Gleichungen möglichst anpaßt.

Man sieht, daß hier das Problem der vermittelnden Beobachtungen vorliegt. Die Gleichungen 58) haben die Form

$a\,x + b\,y + c\,z + \ldots = o$, wenn auch in so vereinfachter Form, daß die Verwandtschaft nicht gleich zu erkennen ist. Die Vereinfachung liegt eben darin, daß $a = 1$, $b = 0$, $c = 0, \ldots$ ist. Legt man den Beobachtungen die Gewichte $p_1, p_2, \ldots p_n$ bei, so ergibt sich die einzige Normalgleichung:

$$[p\,1\,.\,1]\,x = [p\,1\,.\,o] \text{ oder } [p]\,.\,x = [p\,o]$$

daraus folgt

$$x = \frac{[p\,o]}{[p]},$$

die bekannte Formel für den Mittelwert direkter Beobachtungen ungleicher Genauigkeit. Daß diese Formel bei Annahme gleicher Gewichte (also $p_1 = p_2 = \ldots = p_n$) in die Formel für das arithmetische Mittel übergeht, ist selbstverständlich.

Der mittlere Fehler der Gewichtseinheit ergibt sich nach Gleichung 45)

$$m = \pm \sqrt{\frac{[p\,v\,v]}{n-1}}$$

und die mittleren Fehler der einzelnen Beobachtungen

$$\left.\begin{aligned} m_1 &= \frac{m}{\sqrt{p_1}} \\ m_2 &= \frac{m}{\sqrt{p_2}} \\ &\;\cdot\;\;\cdot\;\;\cdot\;\;\cdot \\ m_n &= \frac{m}{\sqrt{p_n}} \end{aligned}\right\}$$

in Übereinstimmung mit den Gleichungen 36) bezw. 37).

Versuchen wir noch den „mittleren Fehler einer Unbekannten“, d. i. des Mittelwertes x, zu bestimmen.

Aus der Normalgleichung

$$[p]\,x = [p\,o]$$

ergibt sich die Korrelatengleichung

$$[p]\,k_1' = 1$$

und daraus

$$k_1' = \frac{1}{[p]}$$

Der mittlere Fehler m_x der Unbekannten x kann nur nach Gleichung 57) berechnet werden:

$$m_x = m\sqrt{k_1'} = \frac{m}{\sqrt{[p]}}.$$

Setzt man statt m den Wert $\pm\sqrt{\frac{[p\,v\,v]}{n-1}}$, so erhält man

$$m_x = \pm\sqrt{\frac{[p\,v\,v]}{[p]\,(n-1)}}$$

Das ist laut Gleichung 35) der mittlere Fehler des Mittelwertes (dort mit μ bezeichnet).

Man sieht aus dem Vorgebrachten, daß das Problem der direkten Beobachtungen nur ein spezieller Fall des Problems der vermittelnden Beobachtungen ist.

Man kann daher Gleichungssysteme von der Form

$$\left.\begin{aligned} a_1\,x + b_1\,y + c_1\,z &= o_1 \\ a_2\,x + b_2\,y + c_2\,z &= o_2 \\ x &= A \\ y &= B \\ z &= C \end{aligned}\right\}$$

in derselben Weise lösen, wie es bei den vermittelnden Beobachtungen geschehen ist. Man darf nur nicht vergessen, daß bei der dritten Gleichung $a = 1$, $b = 0$ und $c = 0$, bei der vierten Gleichung $a = 0$, $b = 1$, $c = 0$ und bei der letzten $a = 0$, $b = 0$, $c = 1$ ist. Die ausgeglichenen Werte von x, y und z werden alle 5 Gleichungen „möglichst gut“ erfüllen, aber keine davon widerspruchsfrei. Darin liegt der Unterschied gegen das Problem der „bedingten Beobachtungen“, das nachstehend erörtert werden soll.

F. Bedingte Beobachtungen.

§ 39. Erklärung u. allgemeine Entwicklung des Prinzips.

Wenn mehrere Größen, sei es direkt oder indirekt, beobachtet wurden, so muß man nachforschen, ob sie von einander unabhängig sind, oder ob sie aus theoretischen Gründen gewisse

Bedingungen widerspruchsfrei erfüllen müssen, ehe man daran geht, die Beobachtungen auszugleichen. Es wäre offenbar unsinnig, Resultate, welche einer theoretischen Forderung widersprechen, beizubehalten oder gar zur Grundlage weiterer Berechnungen zu machen. So genügt es z. B. nicht, die Innenwinkel eines Dreieckes aus mehrfachen Beobachtungen bestimmt zu haben, weil die Summe der drei Winkel der bekannten Forderung ($= 180^0$) voraussichtlich nicht entsprechen wird und so die Resultate von vornherein den Stempel des Unmöglichen an sich tragen. Noch verwickelter wird die Frage, wenn in einem Netz von Dreiecken außer solchen Winkelgleichungen auch sogenannte Seitengleichungen erfüllt werden müssen.

Betrachtet man die direkten Beobachtungen als einen speziellen Fall der indirekten, so läßt sich das Problem in allgemeinster Form folgendermaßen aussprechen:

Die unbekannten (direkt oder indirekt gemessenen) Größen sollen so bestimmt werden, daß sie die theoretischen Bedingungsgleichungen vollkommen genau erfüllen und sich den Beobachtungsgleichungen möglichst gut anschließen.

Wenn man demnach die ausgeglichenen Werte der Unbekannten in die vorhandenen Gleichungen einsetzt, so dürfen sich bei den Bedingungsgleichungen gar keine Fehler ergeben, während die Fehler der Beobachtungsgleichungen auf die wahrscheinlichste Art ausgeglichen sein müßen, was nach dem allgemeinsten Grundsatze der Ausgleichungsrechnung dann eintritt, wenn

$$[p\,v\,v] = \text{Min}^{*})$$

Damit stellt sich das Problem der bedingten Beobachtungen als eine „Minimumsbestimmung unter Nebenbedingungen“ dar.

Zur Lösung dieser Aufgabe bietet die Mathematik zwei Methoden:

1. Die Substitutionsmethode.
2. Die Korrelatenmethode.

---

*) Die p sind die Gewichte der Beobachtungsgleichungen.

§ 40. Die Substitutionsmethode.

Es sei

die Anzahl der Unbekannten u

„ „ „ Bedingungsgleichungen b

„ „ „ Beobachtungsgleichungen o.

Mit Hilfe der b Bedingungsgleichungen kann man b Unbekannte durch die übrigen $u-b$ Unbekannten ausdrücken, indem man letztere als bekannte Größen behandelt und erstere nach irgend einem Verfahren berechnet. Die Ausdrücke, welche man für die b Unbekannten erhalten hat, setzt man hierauf in die o Beobachtungsgleichungen ein. Man hat dann o Gleichungen mit $u-b$ Unbekannten, die keine weitere Bedingung zu erfüllen haben, als daß sie $[p\,v\,v]$ zu einem Minimum machen. Auf diesem Wege läßt sich also das Problem der bedingten Beobachtungen auf das der vermittelnden Beobachtungen zurückführen, so daß alle dort gefundenen Ergebnisse hieher übertragen werden können.

Auf Grund dieser Erwägung ergibt sich vor allem, daß die Anzahl der übrigbleibenden Unbekannten (d. i. $u-b$) in dem reduzierten System kleiner sein muß als die Anzahl der Gleichungen (d. i. o). Aus $u-b<o$ folgt aber

$$u<b+o,$$

d. h. die Anzahl der Unbekannten in dem ursprünglichen System muß kleiner sein als die Anzahl der Bedingungs- und Beobachtungsgleichungen zusammen genommen.

Andererseits muß aber die Anzahl der Unbekannten, welche in den Bedingungsgleichungen auftreten (d. i. u) größer sein als die Anzahl dieser Gleichungen, weil sonst die Aufgabe durch die Bedingungsgleichungen allein bestimmt oder geradezu unmöglich wäre.

Es muß also die Ungleichung stattfinden:

$$b<u<b+o$$

§ 41. Beispiele nach der Substitutionsmethode.

I. Die Innenwinkel eines Dreieckes wurden durch Messungen gefunden:

$$\alpha = 67^0\,12'$$
$$\beta = 83^0\,42'$$
$$\gamma = 29^0\ \ 4'$$

Das sind die Beobachtungsgleichungen.

Die Größen α, β, γ müssen aber die Bedingungsgleichung strenge erfüllen:

$$\alpha + \beta + \gamma = 180^0$$

Drückt man aus dieser einzigen Bedingungsgleichung eine Unbekannte (z. B. α) durch die übrigen aus, so kommt

$$\alpha = 180^0 - \beta - \gamma$$

Dieser Wert liefert — in die Beobachtungsgleichungen eingesetzt:

$$180^0 - \beta - \gamma = 67^0\,12'$$
$$\beta = 83^0\,42'$$
$$\gamma = 29^0\ \ 4'$$

Man hat es jetzt mit vermittelnden Beobachtungen zu tun und wird darum die Gleichungen auf die allgemeine Form $a\,x + b\,y = o$ bringen:

$$1\,.\,\beta + 1\,.\,\gamma = 112^0\,48'$$
$$1\,.\,\beta + 0\,.\,\gamma = 83^0\,42'$$
$$0\,.\,\beta + 1\,.\,\gamma = 29^0\ \ 4'$$

Hier ist nun

a	*b*	*o*	*aa*	*ab*	*bb*	*ao*	*bo*
1	1	112° 48′	1	1	1	112° 48′	112° 48′
1	0	83° 42′	1	0	0	83° 42′	0° 0′
0	1	29° 4′	0	0	1	0° 0′	29° 4′
			2	1	2	196° 30′	141° 52′

Die Normalgleichungen lauten also

$$2\,\beta + 1\,\gamma = 196^0\,30'$$
$$1\,\beta + 2\,\gamma = 141^0\,52'$$

Daraus folgt $\beta = 83^0\, 42'\, 40''$
und $\gamma = 29^0\;\; 4'\, 40''$

Für α bleibt die Ergänzung zu 180^0, also

$$\alpha = 67^0\, 12'\, 40''$$

Man erkennt, daß die Verbesserungen der gemessenen Winkel einander gleich sind, nämlich 40″. Der innere Grund dieser Tatsache bleibt bei dieser Art der Entwicklung dunkel. Wenn man aber statt der besonderen Zahlen allgemeine Zahlen (o_1, o_2, o_3) einführt, ergibt sich deutlich ein einfaches Gesetz für die Ausgleichung der Winkel in einem r-Eck.

II. In einem r-Eck seien die Winkel gemessen worden, u. zw.:

$$\left.\begin{array}{l} \alpha = o_1 \\ \beta = o_2 \\ \gamma = o_3 \\ \delta = o_4 \\ \cdots\cdot \end{array}\right\} r \text{ Beobachtungsgleichungen.}$$

Die Bedingungsgleichung lautet:

$$\alpha + \beta + \gamma + \delta + \ldots. = S = (r-2)\, 180^0$$

Aus der Bedingungsgleichung folgt:

$$\alpha = S - \beta - \gamma - \delta - \ldots..$$

Setzt man diesen Wert in die Beobachtungsgleichungen ein, so erhält man nach Transponierung der ersten:

$$\left.\begin{array}{llllll} \beta + & \gamma + & \delta + & \ldots. & = S - & o_1 \\ \beta & & & & = & o_2 \\ & \gamma & & & = & o_3 \\ & & \delta & & = & o_4 \\ \ldots & \ldots & \ldots & \ldots & \ldots & \ldots \end{array}\right\} r \text{ Gleichungen.}$$

Bei der Bildung der Koeffizienten der Normalgleichungen muß man beachten, daß in der ersten der reduzierten Beobachtungsgleichungen alle Koeffizienten („$a, b, c, \ldots$“) linkerhand gleich 1 sind, in den folgenden aber immer nur Einer gleich 1, die übrigen gleich 0.

Die Normalgleichungen lauten jetzt:

$$\left.\begin{aligned} 2\beta + 1\gamma + 1\delta + \ldots &= S - o_1 + o_2 \\ 1\beta + 2\gamma + 1\delta + \ldots &= S - o_1 + o_3 \\ 1\beta + 1\gamma + 2\delta + \ldots &= S - o_1 + o_4 \end{aligned}\right\} r - 1 \text{ Gleichungen}$$

. . . .

Durch Addition erhält man

$$r\beta + r\gamma + r\delta + \ldots = (r-1)(S - o_1) + o_2 + o_3 + o_4 + \ldots$$

und daraus folgt

$$\beta + \gamma + \delta + \ldots = \frac{(r-1)(S-o_1) + o_2 + o_3 + o_4 + \ldots}{r} =$$

$$= S - o_1 - \frac{S - o_1 - o_2 - o_3 - \ldots}{r}$$

Subtrahiert man diese Hilfsgleichung von jeder der Normalgleichungen, so kommt

$$\left.\begin{aligned} \beta &= o_2 + \frac{S - [o]}{r} \\ \gamma &= o_3 + \frac{S - [o]}{r} \\ \delta &= o_4 + \frac{S - [o]}{r} \\ &\ldots\ldots \end{aligned}\right\} \text{folglich auch } \alpha = o_1 + \frac{S - [o]}{r}$$

Man sieht, daß die Verbesserungen, welche man an den beobachteten Werten o anzubringen hat, untereinander gleich sind, nämlich $\frac{S - [o]}{r}$. Der Schlußfehler $S - [o]$ ist also auf alle r Umfangswinkel gleichmäßig zu verteilen.

III. Die Eckpunkte eines Viereckes A, B, C und D wurden durch einen Nivellementzug verbunden und zur Kontrolle wurde auch diagonal von A nach C direkt nivelliert. Es ergab sich:

Strecke	AB,	Länge	$\sim$ 620 m,	Gefälle	2·538 $m = o_1$
„	BC,	„	$\sim$ 690 m,	„	5·082 $m = o_2$
„	AC,	„	$\sim$ 800 m,	„	7·623 $m = o_3$
„	AD,	„	$\sim$ 450 m,	„	1·802 $m = o_4$
„	DC,	„	$\sim$ 710 m,	„	5·828 $m = o_5$

Die Gewichte der einzelnen Gefällsbestimmungen sind den Längen der Strecken verkehrt proportional zu nehmen, also etwa in der Form $\frac{10000\,m}{\text{Länge}}$. Es ergeben sich dadurch die Gewichtszahlen 16, 14, 12, 22, 14 oder (nach Kürzung) $p_1 = 8$, $p_2 = 7$, $p_3 = 6$, $p_4 = 11$, $p_5 = 7$.

Theoretisch müßten die richtigen Gefälle g die Bedingung erfüllen: $g_1 + g_2 = g_3 = g_4 + g_5$. Es ergeben sich also die Bedingungsgleichungen:

$$\left.\begin{array}{l} g_1 + g_2 - g_3 = 0 \\ g_4 + g_5 - g_3 = 0 \end{array}\right\}$$

Die Beobachtungsgleichungen sind bereits angegeben ($o_1 = 2·538$ etc.). Wir werden nun aus den Bedingungsgleichungen 2 Unbekannte durch die übrigen ausdrücken.

$$\begin{array}{l} g_1 = -g_2 + g_3 \\ g_4 = \phantom{-g_2 +{}} g_3 - g_5 \end{array}$$

und diese Werte in die Beobachtungsgleichungen einsetzen. Wir erhalten auf diese Art die folgenden Gleichungen, welche wie vermittelnde Beobachtungen zu behandeln sind:

$$\begin{array}{lll} -g_2 + g_3 & = 2·538 & \text{mit dem Gewichte } 8 \\ g_2 & = 5·082 & \quad\text{,,}\quad\text{,,}\quad\text{,,}\quad 7 \\ g_3 & = 7·623 & \quad\text{,,}\quad\text{,,}\quad\text{,,}\quad 6 \\ g_3 - g_5 & = 1·802 & \quad\text{,,}\quad\text{,,}\quad\text{,,}\quad 11 \\ g_5 & = 5·828 & \quad\text{,,}\quad\text{,,}\quad\text{,,}\quad 7 \end{array}$$

Bezeichnet man die Koeffizienten der Unbekannten g_2, g_3, und g_5 allgemein mit a, b, c und die Absolutglieder mit o, so ergibt sich für die Berechnung der Koeffizienten der Normalgleichung folgende Tabelle:

p	a	b	c	o	paa	pab	pac
8	—1	+1	0	2·538	8	—8	0
7	+1	0	0	5·082	7	0	0
6	0	+1	0	7·623	0	0	0
11	0	+1	—1	1·802	0	0	0
7	0	0	+1	5·828	0	0	0
					+15	—8	0

pbb	pbc	pcc	pao	pbo	pco
8	0	0	—20·304	+20·304	0
0	0	0	+35·574	0	0
6	0	0	0	+45·738	0
11	—11	11	0	+19·822	—19·822
0	0	7	0	0	+40·796
+25	—11	+18	+15·270	+85·864	+20·974

Die Normalgleichungen lauten daher:

$$\left.\begin{array}{rl} 15\,g_2 - 8\,g_3 & = 15{\cdot}270 \\ -8\,g_2 + 25\,g_3 - 11\,g_5 & = 85{\cdot}864 \\ -11\,g_3 + 18\,g_5 & = 20{\cdot}974 \end{array}\right\}$$

Daraus ergeben sich die Unbekannten:

$$g_2 = 5{\cdot}084_{314} \backsim 5{\cdot}084\,m$$
$$g_3 = 7{\cdot}624_{339} \backsim 7{\cdot}624\,m$$
$$g_5 = 5{\cdot}824_{540} \backsim 5{\cdot}825\,m$$

Die noch fehlenden (g_1 und g_4) werden aus den Substitutionsgleichungen berechnet:

$$g_1 = g_3 - g_2 = 2{\cdot}540_{025} \backsim 2{\cdot}540\,m$$
$$g_4 = g_3 - g_5 = 1{\cdot}799_{709} \backsim 1{\cdot}800\,m$$

Die Verbesserungen ergeben sich nun:

$$\begin{aligned} v_1 &= -g_2 + g_3 - 2{\cdot}538 = +2{\cdot}025\,mm \\ v_2 &= \quad g_2 - 5{\cdot}082 = +2{\cdot}314\,mm \\ v_3 &= \quad g_3 - 7{\cdot}623 = +1{\cdot}339\,mm \\ v_4 &= g_3 - g_5 - 1{\cdot}802 = -2{\cdot}201\,mm \\ v_5 &= \quad g_5 - 5{\cdot}828 = -3{\cdot}460\,mm \end{aligned}$$

In der Kleinheit dieser Verbesserungen, die, mit umgekehrtem Vorzeichen genommen, zugleich die Fehler der einzelnen Gefälle darstellen, liegt schon eine Gewähr für die Richtigkeit der Rechnung. Will man ganz sicher gehen, so benützt man die Kontrollen:

$$[p\,a\,v] = 0,\; [p\,b\,v] = 0,\; [p\,c\,v] = 0$$

Man erhält nach Einsetzung der bezüglichen Werte (wobei man darauf zu achten hat, daß manche der Koeffizienten a, b, c Null sind) die Zahlen $-0{\cdot}002$, $+0{\cdot}023$, $-0{\cdot}009$ in genügender Übereinstimmung mit der Theorie.

§ 42. Vereinfachung der Substitutionsmethode u. Beispiel.

In § 31 wurde gezeigt, wie man höhere Funktionen durch Einführung von Näherungswerten der Unbekannten auf lineare Funktionen zurückführen kann, wobei dann die Verbesserungen der Näherungswerte die Unbekannten vorstellen. Es liegt nun der Gedanke nahe, auch bei linearen Beobachtungsgleichungen Näherungswerte einzuführen. Als solche kann man bei direkten Beobachtungen die Beobachtungswerte o selbst wählen. Die Verbesserungen v sind dann diejenigen Größen, welche als die Unbekannten zu betrachten sind. Man erreicht dadurch zweierlei: 1. Die Zifferrechnung wird vereinfacht. 2. Die Fehler werden als die eigentlichen Unbekannten direkt bestimmt. Eine Durchführung an dem Beispiele III des vorigen Paragraphen wird dieses häufig angewendete Verfahren genügend erläutern.

Die durch das Nivellement gefundenen Beobachtungswerte o 2·538, 5·082, . . . müssen um die Beträge v_1, v_2, . . . verbessert werden, damit man die unbekannten „besten Werte" g erhalte. Diese werden also lauten:

$$g_1 = o_1 + v_1 = 2{\cdot}538 + v_1$$
$$g_2 = o_2 + v_2 = 5{\cdot}082 + v_2$$
$$g_3 = o_3 + v_3 = 7{\cdot}623 + v_3$$
$$g_4 = o_4 + v_4 = 1{\cdot}802 + v_4$$
$$g_5 = o_5 + v_5 = 5{\cdot}828 + v_5$$

Die auf diese Weise verbesserten Beobachtungen v müssen den Bedingungsgleichungen strenge Genüge leisten. Es muß also

$$2{\cdot}538 + v_1 + 5{\cdot}082 + v_2 - 7{\cdot}623 - v_3 = 0$$
$$1{\cdot}802 + v_4 + 5{\cdot}828 + v_5 - 7{\cdot}623 - v_3 = 0$$

Daraus folgt $v_1 + v_2 - v_3 = \quad 3\,mm$

$$v_4 + v_5 - v_3 = -7\,mm$$

Man sieht, daß die Bedingungsgleichungen für die v einfachere Zahlen enthalten als die für die g.

Hier teilt sich der Weg abermals. Man kann wie früher aus den Bedingungsgleichungen zwei Unbekannte (z. B. v_1 und v_4) durch die übrigen ausdrücken und diese Werte in die Beobachtungsgleichungen $v_1 = 0$, $v_2 = 0$, . . . $v_5 = 0$ einsetzen und diese wie Vermittlungsgleichungen behandeln; man kann aber auch direkt auf die Grundgleichung $[p\,v\,v] = \text{Min}$ zurückgreifen. Wir wollen den zweiten Weg einschlagen, welcher das Prinzip der Ausgleichungsrechnung klar zum Ausdruck bringt. Weil die v vermöge Existenz der Bedingungsgleichungen nicht von einander unabhängig sind, ersetzen wir in der Form $[p\,v\,v]$ zwei der Variablen durch die übrigen, indem wir sie mit Hilfe der Bedingungsgleichungen ausdrücken:

$$v_1 = -v_2 + v_3 + 3 \text{ und } v_4 = v_3 - v_5 - 7.$$

Die Minimumsgleichung nimmt daher die Form an:

$$p_1 (-v_2 + v_3 + 3)^2 + p_2 v_2^2 + p_3 v_3^2 + p_4 (v_3 - v_5 - 7)^2 +$$
$$+ p_5 v_5^2 = \text{Min}$$

Dieser Ausdruck wird ein Minimum, wenn seine partiellen Differentialquotienten nach v_2, v_3 und v_5 Null werden.

Wir erhalten so (nach Einsetzung der Werte für p) die Gleichungen:

$$-8(-v_2+v_3+3)+7v_2=0$$
$$8(-v_2+v_3+3)+6v_3+11(v_3-v_5-7)=0$$
$$-11(v_3-v_5-7)+7v_5=0$$

oder nach erfolgter Reduktion:*)

$$\begin{aligned} 15v_2 - 8v_3 \qquad &= 24 \\ -8v_2+25v_3-11v_5 &= 53 \\ -11v_3+18v_5 &= -77 \end{aligned}$$

Aus diesen Gleichungen folgt

$$\begin{aligned} v_2 &= 2{\cdot}314\,mm \backsim 2\,mm \\ v_3 &= 1{\cdot}338\,mm \backsim 1\,mm \\ v_5 &= -3{\cdot}460\,mm \backsim 3\,mm \end{aligned}$$

Aus den Bedingungsgleichungen erhält man die noch fehlenden Unbekannten:

$$\begin{aligned} v_1 &= 2{\cdot}024\,mm \backsim 2\,mm \\ v_4 &= -2{\cdot}202\,mm \backsim 2\,mm \end{aligned}$$

Die erhaltenen Werte stimmen mit den Ergebnissen der in § 40 vorgeführten Rechnung sehr gut überein.

§ 43. Die Korrelatenmethode.

Bei der Substitutionsmethode bleibt es der Wahl des Rechners überlassen, welche Unbekannte er eliminieren will. Dadurch wird in den Gang der Rechnung etwas Willkürliches hineingetragen, was die Aufstellung einer allgemeinen Formel unmöglich macht. Von diesem Übelstand ist die Korrelatenmethode frei, weil sie alle Unbekannten gleichartig behandelt, keine bevorzugt. Obwohl die Korrelatenmethode zur Bestimmung eines Minimums mit Nebenbedingungen eigentlich der reinen Mathematik angehört, soll sie hier doch mit ausführlicher Begründung vorgeführt werden. Vom Standpunkte der Ausgleichungsrechnung bietet sie nichts Neues. Die Beobachtungen o_1, o_2, o_3, ... müssen um solche Beträge v_1, v_2, v_3,

*) Dieselben Gleichungen wären auch als Normalgleichungen erhalten worden, wenn man den ersten Weg eingeschlagen hätte.

... verbessert werden, daß 1. die Bedingungsgleichungen durch die verbesserten Werte $o_1 + v_1$, $o_2 + v_2$, $o_3 + v_3$, ... strenge erfüllt werden, und daß 2. der Ausdruck $[p\,v\,v]$ ein Minimum wird.

Sollten die Bedingungsgleichungen nicht linear sein, also z. B. von der Form

$$\varphi(x_1, x_2, x_3, x_4) = a_0$$
$$\psi(x_1, x_2, x_3, x_4) = b_0$$
$$\chi(x_1, x_2, x_3, x_4) = c_0$$

so ersetzt man die x durch $o + v$ und entwickelt nach den v in linearer Form

$$a_0 = \varphi(o_1 + v_1, o_2 + v_2, \ldots.) = \varphi(o_1, o_2, \ldots) + \frac{\partial \varphi}{\partial o_1} v_1 +$$
$$+ \frac{\partial \varphi}{\partial o_2} v_2 + \ldots = \varphi(o_1, o_2, \ldots) + a_1 v_1 + a_2 v_2 + \ldots$$
$$b_0 \ldots\ldots\ldots\ldots\ldots = \psi(o_1, o_2, \ldots) + b_1 v_1 + b_2 v_2 + \ldots$$
$$c_0 \ldots\ldots\ldots\ldots\ldots = \chi(o_1, o_2, \ldots) + c_1 v_1 + c_2 v_2 + \ldots$$

Daraus folgt:

$$\left.\begin{array}{l} a_1 v_1 + a_2 v_2 + a_3 v_3 + \ldots = a_0 - \varphi(o_1, o_2, o_3, \ldots) = w_1 \\ b_1 v_1 + b_2 v_2 + b_3 v_3 + \ldots = b_0 - \psi(o_1, o_2, o_3, \ldots) = w_2 \\ c_1 v_1 + c_2 v_2 + c_3 v_3 + \ldots = c_0 - \chi(o_1, o_2, o_3, \ldots) = w_3 \end{array}\right\} 59)$$

Die Größen w können zahlenmäßig berechnet werden. Man nennt sie die „Widersprüche“ und darum auch die Gleichungen 59 die Widerspruchsgleichungen, obwohl sie eigentlich doch nichts anderes sind als Bedingungsgleichungen für die v, welche nunmehr die zuerst aufgestellten Bedingungsgleichungen für die x ersetzen.

Die v sind nun so zu bestimmen, daß die Gleichungen 59) strenge erfüllt werden und überdies $[p\,v\,v]$ ein Minimum ergibt. Letzteres tritt ein, wenn das totale Differentiale von $[p\,v\,v]$ Null*) wird, also wenn:

$$p_1 v_1 d v_1 + p_2 v_2 d v_2 + p_3 v_3 d v_3 + \ldots = 0 \quad . \; . \; . \; . \; . \quad 60)$$

Um diese Differentialgleichung mit den endlichen Bedingungsgleichungen 59) in Beziehung setzen zu können,

*) Da die v von einander abhängen, dürfen wir nicht — um $[p\,v\,v]$ zu einem Minimum zu machen — die partiellen Differentialquotienten der Null gleich setzen.

müssen wir in diese gleichfalls Differentiale einführen. Die Bedingungsgleichungen müssen für alle Werte von v gelten, nicht nur für die gesuchten besten Werte $v_1, v_2, v_3, \ldots$; sie müssen daher richtig bleiben, wenn man $v_1 + d\,v_1, v_2 + d\,v_2, v_3 + d\,v_3, \ldots$ statt $v_1, v_2, v_3, \ldots$ einsetzt:

$$\left.\begin{array}{l} a_1 (v_1 + d\,v_1) + a_2 (v_2 + d\,v_2) + a_3 (v_3 + d\,v_3) + \ldots = w_1 \\ b_1 (v_1 + d\,v_1) + b_2 (v_2 + d\,v_2) + b_3 (v_3 + d\,v_3) + \ldots = w_2 \\ c_1 (v_1 + d\,v_1) + c_2 (v_2 + d\,v_2) + c_3 (v_3 + d\,v_3) + \ldots = w_3 \\ \ldots\ldots\ldots\ldots\ldots\ldots\ldots\ldots \end{array}\right\} \quad 61)$$

Durch Subtraktion der Gleichungen 59) von 61) erhält man:

$$\left.\begin{array}{l} a_1\,d\,v_1 + a_2\,d\,v_2 + a_3\,d\,v_3 + \ldots = 0 \\ b_1\,d\,v_1 + b_2\,d\,v_2 + b_3\,d\,v_3 + \ldots = 0 \\ c_1\,d\,v_1 + c_2\,d\,v_2 + c_3\,d\,v_3 + \ldots = 0 \\ \ldots\ldots\ldots\ldots\ldots\ldots \end{array}\right\} \ldots\ldots\ldots \quad 62)$$

Wir fügen noch dazu:

$$p_1\,v_1\,d\,v_1 + p_2\,v_2\,d\,v_2 + p_3\,v_3\,d\,v_3 + \ldots = 0 \quad \ldots\ldots \quad 60)$$

Man hätte die Gleichungen 62) auch durch Differentiation der Gleichungen 59) erhalten können; doch wäre dieser Weg nicht einwandfrei, da es sich nicht um identische Gleichungen handelt.

Die Gleichungen 62) zeigen, daß die $d\,v$ von einander abhängig sind. Um auf Differentiale zu kommen, welche von einander unabhängig sind, müßten wir aus den vorhandenen $b + 1$ Gleichungen [nämlich 62) und 60)] b Differentiale eliminieren. Zu diesem Zwecke multiplizieren wir jede der Gleichungen 62) mit den noch unbestimmten Faktoren (Korrelaten) $k_1, k_2, k_3, \ldots$, setzen die negativ gewonnene Gleichung 60 darunter und addieren.

$$\left.\begin{array}{l} k_1\,a_1\,d\,v_1 + k_1\,a_2\,d\,v_2 + k_1\,a_3\,d\,v_3 + \ldots = 0 \\ k_2\,b_1\,d\,v_1 + k_2\,b_2\,d\,v_2 + k_2\,b_3\,d\,v_3 + \ldots = 0 \\ k_3\,c_1\,d\,v_1 + k_3\,c_2\,d\,v_2 + k_3\,c_3\,d\,v_3 + \ldots = 0 \\ \ldots\ldots\ldots\ldots\ldots\ldots \end{array}\right\} \ldots \quad k.62)$$

$$-p_1\,v_1\,d\,v_1 - p_2\,v_2\,d\,v_2 - p_3\,v_3\,d\,v_3 - \ldots = 0 \quad \ldots \quad 60)$$

$$S_1\,d\,v_1 \quad + S_2\,d\,v_2 \quad + S_3\,d\,v_3 \quad + \ldots = 0 \quad \ldots \quad 63)$$

(In Gleichung 63) bedeutet jedes S die Summe aller in der betreffenden Vertikalreihe stehenden Koeffizienten von $d\,v$.) Die b unbestimmt eingeführten Korrelaten können wir noch b Bedingungen unterwerfen. Wir setzen also fest: die Korrelaten k müssen so beschaffen sein, daß b von den Summen S (z. B. von S_1 bis S_b) gleich Null werden. Dadurch verschwinden mit einem Schlage b Glieder und die zugehörigen b Differentiale aus der Gleichung 63). Die noch übrig bleibenden Differentiale sind nun von einander unabhängig, sollen aber die Gleichung 63) stets erfüllen, wie groß sie auch gewählt werden mögen. Das ist nur möglich, wenn jedes der noch übrig gebliebenen S (z. B. S_{b+1} bis S_u) auch gleich Null ist. Man sieht daraus, daß bei richtiger Wahl der Korrelaten **jedes** S Null sein muß, also:

$$\left.\begin{array}{l} S_1 = k_1\,a_1 + k_2\,b_1 + k_3\,c_1 + \ldots - p_1\,v_1 = 0 \\ S_2 = k_1\,a_2 + k_2\,b_2 + k_3\,c_2 + \ldots - p_2\,v_2 = 0 \\ S_3 = k_1\,a_3 + k_2\,b_3 + k_3\,c_3 + \ldots - p_3\,v_3 = 0 \\ \ldots\ldots\ldots\ldots\ldots\ldots\ldots \end{array}\right|$$

Aus diesen Gleichungen folgt sofort

$$\left.\begin{array}{l} v_1 = \dfrac{k_1\,a_1 + k_2\,b_1 + k_3\,c_1 + \ldots}{p_1} \\ v_2 = \dfrac{k_1\,a_2 + k_2\,b_2 + k_3\,c_2 + \ldots}{p_2} \\ v_3 = \dfrac{k_1\,a_3 + k_2\,b_3 + k_3\,c_3 + \ldots}{p_3} \\ \ldots\ldots\ldots\ldots\ldots\ldots \end{array}\right\} \quad . \; . \quad 64)$$

Die gesuchten Werte für die v wären also durch die Fehlerformeln 64) bestimmt, wenn man die Korrelaten k wüßte. Diese kann man offenbar nicht aus den Differentialgleichungen 62 erhalten, welche die Funktionsfehler oder Widersprüche w nicht enthalten. Man muß daher auf die Bedingungsgleichungen zurückgreifen. Setzt man die für v_1, v_2, . . . gefundenen Ausdrücke in die Bedingungsgleichungen 59) ein, so bekommt man

$$a_1\,\frac{k_1 a_1 + k_2 b_1 + k_3 c_1 + \ldots}{p_1} +$$

$$+ a_2\,\frac{k_1 a_2 + k_2 b_2 + k_3 c_2 + \ldots}{p_2} + \ldots = w_1$$

$$b_1\,\frac{k_1 a_1 + k_2 b_1 + k_3 c_1 + \ldots}{p_1} +$$

$$+ b_2\,\frac{k_1 a_2 + k_2 b_2 + k_3 c_2 + \ldots}{p_2} + \ldots = w_2$$

$$c_1\,\frac{k_1 a_1 + k_2 b_1 + k_3 c_1 + \ldots}{p_1} +$$

$$+ c_2\,\frac{k_1 a_2 + k_2 b_2 + k_3 c_2 + \ldots}{p_2} + \ldots = w_3$$

. . . .

und nach entsprechender Umformung, wobei man nach den k ordnet:

$$\left(\frac{a_1 a_1}{p_1} + \frac{a_2 a_2}{p_2} + \ldots\right) k_1 + \left(\frac{a_1 b_1}{p_1} + \frac{a_2 b_2}{p_2} + \ldots\right) k_2 +$$

$$+ \left(\frac{a_1 c_1}{p_1} + \frac{a_2 c_2}{p_2} + \ldots\right) k_3 + \ldots = w_1$$

$$\left(\frac{a_1 b_1}{p_1} + \frac{a_2 b_2}{p_2} + \ldots\right) k_1 + \left(\frac{b_1 b_1}{p_1} + \frac{b_2 b_2}{p_2} + \ldots\right) k_2 +$$

$$+ \left(\frac{b_1 c_1}{p_1} + \frac{b_2 c_2}{p_2} + \ldots\right) k_3 + \ldots = w_2$$

$$\left(\frac{a_1 c_1}{p_1} + \frac{a_2 c_2}{p_2} + \ldots\right) k_1 + \left(\frac{b_1 c_1}{p_1} + \frac{b_2 c_2}{p_2} + \ldots\right) k_2 +$$

$$+ \left(\frac{c_1 c_1}{p_1} + \frac{c_2 c_2}{p_2} + \ldots\right) k_3 + \ldots = w_3$$

Die in den Klammern stehenden Summen kann man in symbolischer Form schreiben und erhält:

$$\left.\begin{array}{l}\left[\frac{aa}{p}\right]k_1+\left[\frac{ab}{p}\right]k_2+\left[\frac{ac}{p}\right]k_3+\ldots=w_1\\ \left[\frac{ab}{p}\right]k_1+\left[\frac{bb}{p}\right]k_2+\left[\frac{bc}{p}\right]k_3+\ldots=w_2\\ \left[\frac{ac}{p}\right]k_1+\left[\frac{bc}{p}\right]k_2+\left[\frac{cc}{p}\right]k_3+\ldots=w_3\\ \ldots\ldots\ldots\ldots\ldots\ldots\ldots\end{array}\right\}\quad\ldots\ldots 65)$$

Das sind die sogenannten Normalgleichungen für die Korrelaten. Ihre Anzahl ist ebenso groß als die der Bedingungsgleichungen, also ebenso groß als die der Korrelaten. Nachdem man aus den Normalgleichungen die k berechnet, setzt man die gefundenen Zahlen in die Fehlerformeln 64) ein, wodurch die Aufgabe gelöst ist.

Die linke Seite dieser Gleichungen erinnert an die Normalgleichungen bei vermittelnden Beobachtungen, nur stehen hier die p im Nenner der [ ] Ausdrücke. Die rechte Seite wird durch den Widerspruch gebildet.

§ 44. Beispiel nach der Korrelatenmethode.

In einem Vierecke (Fig. 3) wurden alle Winkel gemessen, welche die Seiten unter sich und mit den Diagonalen einschließen. Es wurde gefunden:

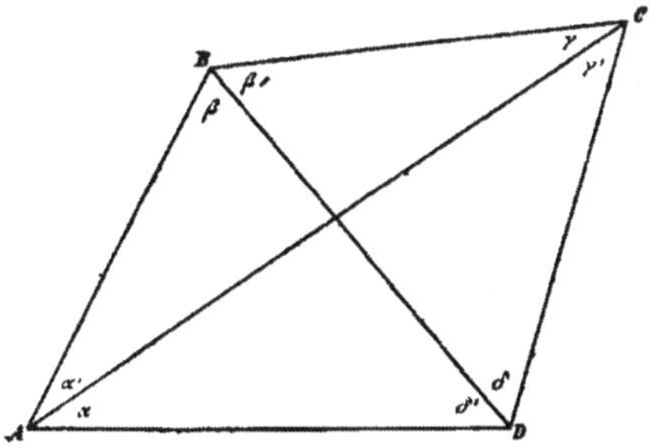

Fig. 3.

$$\begin{aligned} \alpha &= 25^0\,55'\,20'' & \alpha' &= 17^0\,10'\,00'' \\ \beta &= 77^0\,45'\,00'' & \beta' &= 64^0\;\;0'\,50'' \\ \gamma &= 21^0\;\;4'\,20'' & \gamma' &= 35^0\,29'\,30'' \\ \delta &= 59^0\,25'\,20'' & \delta' &= 59^0\;\;9'\,50'' \end{aligned}$$

Die Winkel sind nicht unabhängig von einander, da sie zum Teile Dreiecke bilden und daher vor allem dem Gesetze über die Winkelsumme gehorchen müssen. Macht man daraufhin die Probe, so findet man:

$$\begin{aligned} &\text{für } \triangle\, ACD \ldots \alpha + \delta' + \delta + \gamma' = 180^0 \\ &\;\;\text{"}\;\; \triangle\, ABD \ldots \alpha + \alpha' + \beta + \delta' = 180^0 + 10'' \\ &\;\;\text{"}\;\; \triangle\, ABC \ldots \alpha' + \beta + \beta' + \gamma = 180^0 + 10'' \\ &\;\;\text{"}\;\; \triangle\, BCD \ldots \beta' + \gamma + \gamma' + \delta = 180^0 \end{aligned}$$

Eine von diesen 4 Gleichungen ist aber überflüssig; man erhält z. B. die vierte Gleichung, wenn man die zweite von der Summe der ersten und dritten subtrahiert. Wir können daher nur 3 Winkelgleichungen als streng zu erfüllende Bedingungen aufstellen.

Die gemessenen Winkel bilden bereits gute Näherungswerte. Wir werden diese Werte mit Verbesserungen versehen, die wir in der Folge als die Unbekannten betrachten wollen.

Die Bedingungsgleichungen nehmen daher die Form an:

$$\begin{aligned} \alpha + v_1 + \delta + v_4 + \gamma' + v_7 + \delta' + v_8 &= 180^0 \\ \alpha + v_1 + \beta + v_2 + \alpha' + v_5 + \delta' + v_8 &= 180^0 \\ \beta + v_2 + \gamma + v_3 + \alpha' + v_5 + \beta' + v_6 &= 180^0 \end{aligned}$$

Setzt man statt der α, β, ... die beobachteten Werte ein, so bekommt man die Bedingungsgleichungen für die v

$$\left.\begin{aligned} v_1 + v_4 + v_7 + v_8 &= 0'' \\ v_1 + v_2 + v_5 + v_8 &= -10'' \\ v_2 + v_3 + v_5 + v_6 &= -10'' \end{aligned}\right\}$$

welche strenge erfüllt werden müssen.

Außer den Winkelgleichungen gibt es hier wie bei den meisten derartigen Aufgaben noch Seitengleichungen, welche den überzähligen Stäben in einem statisch unbestimmten Fachwerk entsprechen. Im vorliegenden Beispiele wird eine solche Seitengleichung auftreten, die man in folgender Weise findet.

Nennt man den Schnittpunkt der Diagonalen S (in der Figur nicht bezeichnet), so lassen sich für die Dreiecke ABS, BCS, CDS, DAS nach dem Sinussatze die Proportionen aufstellen:

$$AS : BS = \sin\beta : \sin\alpha'$$
$$BS : CS = \sin\gamma : \sin\beta'$$
$$CS : DS = \sin\delta : \sin\gamma'$$
$$DS : AS = \sin\alpha : \sin\delta'$$

Die Multiplikation dieser Proportionen liefert nach erfolgter Kürzung auf der linken Seite

$$1 : 1 = \sin\alpha \sin\beta \sin\gamma \sin\delta \; : \; \sin\alpha' \sin\beta' \sin\gamma' \sin\delta'$$
$$\text{oder} \quad \sin\alpha \sin\beta \sin\gamma \sin\delta = \sin\alpha' \sin\beta' \sin\gamma' \sin\delta'$$

Aus dem Gange der Rechnung ersieht man, daß man zu demselben Resultate gelangt wäre, wenn man einen beliebigen Punkt mit A, B, C und D verbunden und die entsprechenden Winkel mit α, α', β, β', u. s. w. bezeichnet hätte. Ja für ein Polygon von beliebig vielen Eckpunkten würde die Seitengleichung in der allgemeinen Form $\sin\alpha \, . \, \sin\beta \, . \, \sin\gamma \ldots =$ $= \sin\alpha' \, . \, \sin\beta' \, . \, \sin\gamma' \ldots$ auch Geltung haben.

Würde man in die Seitengleichung die Verbesserungen einführen, indem man $\alpha + v_1$, $\beta + v_2, \ldots$ statt $\alpha, \beta, \ldots$ einsetzt, so käme man auf eine verwickelte Form höheren Grades. Man wird darum die Gleichung zuerst logarithmieren:

$$\log\sin\alpha + \log\sin\beta + \log\sin\gamma + \log\sin\delta =$$
$$= \log\sin\alpha' + \log\sin\beta' + \log\sin\gamma' + \log\sin\delta'$$

Nun ist $\log\sin(\alpha + v_1) = \log\sin\alpha + \alpha\,\Delta_1 \, . \, v_1$, worin Δ_1 die Tafeldifferenz für 1″ ist und folglich $\Delta_1 \, . \, v_1$ in Einheiten der letzten Stelle ausgedrückt erscheint. Die Unbekannten treten jetzt linear auf und man erhält:

$$
\begin{aligned}
\log\sin(\alpha_1 + v_1) &= 9{\cdot}640631 + 4{\cdot}3\, v_1 \\
\log\sin(\alpha_2 + v_2) &= 9{\cdot}989997 + 0{\cdot}5\, v_2 \\
\log\sin(\alpha_3 + v_3) &= 9{\cdot}555753 + 5{\cdot}4\, v_3 \\
\log\sin(\alpha_4 + v_4) &= \underline{9{\cdot}934973 + 1{\cdot}2\, v_4} \\
&\ 9{\cdot}121354 + \ldots.
\end{aligned}
$$

$$
\begin{aligned}
\log\sin(\alpha_5 + v_5) &= 9{\cdot}470046 + 6{\cdot}8\, v_5 \\
\log\sin(\alpha_6 + v_6) &= 9{\cdot}953712 + 1{\cdot}0\, v_6 \\
\log\sin(\alpha_7 + v_7) &= 9{\cdot}763865 + 3{\cdot}0\, v_7 \\
\log\sin(\alpha_8 + v_8) &= \underline{9{\cdot}933810 + 1{\cdot}2\, v_8} \\
&\ 9{\cdot}121433 + \ldots.
\end{aligned}
$$

Die Seitengleichung lautet also (in Einheiten der letzten Dezimalstelle):

$$
\begin{aligned}
&9121354 + 4{\cdot}3\, v_1 + 0{\cdot}5\, v_2 + 5{\cdot}4\, v_3 + 1{\cdot}2\, v_4 = \\
&= 9121433 + 6{\cdot}8\, v_5 + 1{\cdot}0\, v_6 + 3{\cdot}0\, v_7 + 1{\cdot}2\, v_8
\end{aligned}
$$

oder

$$
\begin{aligned}
&4{\cdot}3\, v_1 + 0{\cdot}5\, v_2 + 5{\cdot}4\, v_3 + 1{\cdot}2\, v_4 - \\
&- 6{\cdot}8\, v_5 - 1{\cdot}0\, v_6 - 3{\cdot}0\, v_7 - 1{\cdot}2\, v_8 = + 79
\end{aligned}
$$

Die v müssen so beschaffen sein, daß sie diese Seitengleichung und die 3 Winkelgleichungen in aller Strenge erfüllen und dabei die Summe $[p\, v\, v]$ zu einem Minimum machen.*) Um die Korrelatengleichungen leicht ansetzen zu können, schreiben wir die 4 Bedingungsgleichungen geordnet untereinander:

$$
\left.
\begin{array}{llllllllll}
4{\cdot}3\, v_1 & + 0{\cdot}5\, v_2 & + 5{\cdot}4\, v_3 & + 1{\cdot}2\, v_4 & - 6{\cdot}8\, v_5 & - 1{\cdot}0\, v_6 & - 3{\cdot}0\, v_7 & - 1{\cdot}2\, v_8 & = & + 79 \\
v_1 & & & + v_4 & & & + v_7 & + v_8 & = & 0 \\
v_1 & + v_2 & & & + v_5 & & & + v_8 & = & - 10 \\
 & v_2 & + v_3 & & + v_5 & + v_6 & & & = & - 10
\end{array}
\right\}
$$

*) Man könnte bei diesem Beispiele im Zweifel sein, ob die Fehler v dem theoretischen Gesetze folgen, weil die beobachteten Werte selbst bei ideal guter Beobachtung um die wahren Werte in verhältnismäßig großen Intervallen herumspringen. Mit einem 20″ Theodolit kann man (bei Kreis links und rechts) die Winkel eben nur auf 10″ abgerundet erhalten, während die zu berechnenden Verbesserungen unter 10″ betragen sollen und müssen. Der Hinweis darauf, daß der „Zufall" in der Stellung des Limbus liege, könnte mit Rücksicht auf die geringe Zahl der Aufstellungen abgetan werden. Hier ist das am Schlusse des § 35 Gesagte zu beachten.

Die Koeffizienten $[a\,a]$, $[a\,b]$, ... der Korrelatengleichungen berechnet man tabellarisch, wobei man darauf Rücksicht zu nehmen hat, daß hier die a, b, ... die Koeffizienten der 1., 2.,... Horizontalreihe sind, nicht (wie bei den vermittelnden Beobachtungen) der 1., 2.,.. Vertikalreihe.

a	b	c	d	aa	ab	ac	ad	bb	bc	bd	cc	cd	dd
4·3	1	1	0	18·49	4·3	4·3	.	1	1	.	1	.	.
0·5	0	1	1	0·25	.	0·5	0·5	.	.	.	1	1	1
5·4	0	0	1	29·16	.	.	5·4	.	.	.	.	.	1
1·2	1	0	0	1·44	1·2	.	.	1	.	.	.	.	.
−6·8	0	1	1	46·24	.	−6·8	−6·8	.	.	.	1	1	1
−1·0	0	0	1	1·00	.	.	−1·0	.	.	.	.	.	1
−3·0	1	0	0	9·00	−3·0	.	.	1	.	.	.	.	.
−1·2	1	1	0	1·44	−1·2	−1·2	.	1	1	.	1	.	.
				107·02	1·3	−3·2	−1·9	4	2	0	4	2	4

Die Normalgleichungen lauten also:

$$\begin{aligned} 107\,k_1 + 1{\cdot}3\,k_2 - 3{\cdot}2\,k_3 - 1{\cdot}9\,k_4 &= +79 \\ 1{\cdot}3\,k_1 + 4\,k_2 + 2\,k_3 \qquad &= 0 \\ -3{\cdot}2\,k_1 + 2\,k_2 + 4\,k_3 + 2\,k_4 &= -10 \\ -1{\cdot}9\,k_1 \qquad + 2\,k_3 + 4\,k_4 &= -10 \end{aligned}$$

Durch Auflösung derselben erhält man die Korrelaten:

$$\begin{aligned} k_1 &= +0{\cdot}660 \\ k_2 &= +0{\cdot}557 \\ k_3 &= -1{\cdot}543 \\ k_4 &= -1{\cdot}415 \end{aligned}$$

Nun kann man die Verbesserungen v der beobachteten Winkel nach Gleichung 64) berechnen, indem man jeden Koeffizienten in einer Vertikalreihe der Bedingungsgleichungen mi dem entsprechenden k multipliziert und diese Produkte algebraisch addiert. Man erhält so:

$$
\begin{aligned}
v_1 &= +4{\cdot}3\,k_1 + k_2 + k_3 = +1{\cdot}85'' \doteq +2''\\
v_2 &= +0{\cdot}5\,k_1 + k_3 + k_4 = -2{\cdot}63'' \doteq -3''\\
v_3 &= +5{\cdot}4\,k_1 + k_4 \qquad = +2{\cdot}14'' \doteq +2''\\
v_4 &= +1{\cdot}2\,k_1 + k_2 \qquad = +1{\cdot}35'' \doteq +1''\\
v_5 &= -6{\cdot}8\,k_1 + k_3 + k_4 = -7{\cdot}45'' \doteq -7''\\
v_6 &= -1{\cdot}0\,k_1 + k_4 \qquad = -2{\cdot}08'' \doteq -2''\\
v_7 &= -3{\cdot}0\,k_1 + k_2 \qquad = -1{\cdot}42'' \doteq -1''\\
v_8 &= -1{\cdot}2\,k_1 + k_2 + k_3 = -1{\cdot}77'' \doteq -2''
\end{aligned}
$$

Die verbesserten Winkel lauten jetzt:

$$
\begin{aligned}
x_1 &= (\alpha) = 25^0\,55'\,22'' & x_5 &= (\alpha') = 17^0\;\;9'\,53''\\
x_2 &= (\beta) = 77^0\,44'\,57'' & x_6 &= (\beta') = 64^0\;\;0'\,48''\\
x_3 &= (\gamma) = 21^0\;\;4'\,22'' & x_7 &= (\gamma') = 35^0\,29'\,29''\\
x_4 &= (\delta) = 59^0\,25'\,21'' & x_8 &= (\delta') = 59^0\;\;9'\,48''
\end{aligned}
$$

Setzt man die gefundenen Winkel in die ursprünglichen Bedingungsgleichungen ein, so müssen diese genau erfüllt werden.

Die Verbesserungen halten sich in mäßigen Grenzen (1—3″ und sind (bei 10″ Messung der Winkel) als glaubwürdig zu betrachten. Nur v_5 macht eine Ausnahme, insofern als es den durchschnittlichen Wert der anderen Verbesserungen um das $3\frac{1}{2}$fache übertrifft. Es ist daher wahrscheinlich, daß der Winkel α' mit viel geringerer Genauigkeit beobachtet wurde als die übrigen Winkel. Ist aus einer Bemerkung des Winkelprotokolls zu entnehmen, daß die bezügliche Beobachtung unter erschwerenden Umständen ausgeführt wurde, so steigert sich diese Wahrscheinlichkeit beinahe zur Gewißheit. Enthält das Winkelprotokoll keine solche Bemerkung, so muß man sich mit den gefundenen Resultaten begnügen, die jedenfalls die wahrscheinlichsten sind.

Wir wollen noch einen Versuch machen, der Wahrheit näher zu kommen, indem wir das Gewicht von α' klein annehmen, z. B. $p_5 = 0{\cdot}1$, während die übrigen p gleich 1 seien. Man erhält die Koeffizienten

$$\left[\frac{a\,a}{p}\right],\ \left[\frac{a\,b}{p}\right],\ \text{u. s. w.}$$

der Korrelatengleichungen tabellarisch:

p	a	b	c	d	$\frac{aa}{p}$	$\frac{ab}{p}$	$\frac{ac}{p}$	$\frac{ad}{p}$	$\frac{bb}{p}$	$\frac{bc}{p}$	$\frac{bd}{p}$	$\frac{cc}{p}$	$\frac{cd}{p}$	$\frac{dd}{p}$
1	4·3	1	1	.	18·49	4·3	4·3	.	1	1	.	1	.	.
1	0·5	.	1	1	0·25	.	0·5	0·5	.	.	.	1	1	1
1	5·4	.	.	1	29·16	.	.	5·4	.	.	.	.	.	1
1	1·2	1	.	.	1·44	1·2	.	.	1	.	.	.	.	.
$\frac{1}{10}$	— 6·8	.	1	1	462·40	.	— 68·0	— 68·0	.	.	.	10	10	10
1	— 1·0	.	.	1	1·00	.	.	— 1·0	.	.	.	.	.	1
1	— 3·0	1	.	.	9·00	— 3·0	.	.	1	.	.	.	.	.
1	— 1·2	1	1	.	1·44	— 1·2	— 1·2	.	1	1		1	.	.
					523·18	1·3	— 64·4	— 63·1	4	2	0	13	11	13

Die Korrelatengleichungen lauten also:

$$\left.\begin{array}{rl} 523{\cdot}18\,k_1 + 1{\cdot}3\,k_2 - 64{\cdot}4\,k_3 - 63{\cdot}1\,k_4 &= +79 \\ 1{\cdot}30\,k_1 + 4{\cdot}0\,k_2 + 2{\cdot}0\,k_3 \phantom{+ 11{\cdot}0\,k_4} &= 0 \\ -64{\cdot}40\,k_1 + 2{\cdot}0\,k_2 + 13{\cdot}0\,k_3 + 11{\cdot}0\,k_4 &= -10 \\ -63{\cdot}10\,k_1 \phantom{+ 2{\cdot}0\,k_2} + 11{\cdot}0\,k_3 + 13{\cdot}0\,k_4 &= -10 \end{array}\right\}$$

Durch Auflösung derselben erhält man die Korrelaten:

$$\begin{aligned} k_1 &= +0{\cdot}1434 \\ k_2 &= -0{\cdot}0713 \\ k_3 &= +0{\cdot}0495 \\ k_4 &= -0{\cdot}1151 \end{aligned}$$

Um die Verbesserungen v zu finden, multipliziert man jeden Koeffizienten einer Vertikalreihe der Bedingungsgleichungen mit dem entsprechenden k, addiert und dividiert schließlich durch das Gewicht p, welches dem zu berechnenden v entspricht.

Man erhält so

$$\begin{aligned} v_1 &= (+4{\cdot}3\,k_1 + k_2 + k_3) : 1 = +0{\cdot}59'' \doteq +1'' \\ v_2 &= (+0{\cdot}5\,k_1 + k_3 + k_4) : 1 = +0{\cdot}00'' \doteq 0'' \\ v_3 &= (+5{\cdot}4\,k_1 + k_4) : 1 = +0{\cdot}65'' \doteq +1'' \\ v_4 &= (+1{\cdot}2\,k_1 + k_2) : 1 = +0{\cdot}10'' \doteq 0'' \\ v_5 &= (-6{\cdot}8\,k_1 + k_3 + k_4) : 0{\cdot}1 = -10{\cdot}40'' \doteq -10'' \\ v_6 &= (-1{\cdot}0\,k_1 + k_4) : 1 = -0{\cdot}24'' \doteq 0'' \\ v_7 &= (-3{\cdot}0\,k_1 + k_2) : 1 = -0{\cdot}50'' \doteq 0'' \\ v_8 &= (-1{\cdot}2\,k_1 + k_2 + k_3) : 1 = -0{\cdot}19'' \doteq 0'' \end{aligned}$$

Hier ist der Unterschied zwischen v_5 und den übrigen Verbesserungen noch auffallender. Das weist darauf hin, daß der Winkel α' wirklich der Störenfried sein dürfte und daß es sich nicht bloß um Zufall handelt.

Welches Resultat hat man nun beizubehalten?

In jedem Falle dasjenige, welches sich auf die ursprünglichen Beobachtungen und Bemerkungen stützt. Nie soll man die Ergebnisse einer Ausgleichungsrechnung zur Berichtigung der Annahmen verwenden. Hatte man bei der Aufnahme keinen Grund, die Beobachtung von α' für schlechter zu halten als die übrigen, so wäre es widersinnig für diese Beobachtung nachträglich ein anderes Gewicht einzuführen. Man wird viel eher annehmen dürfen, daß bei der Beobachtung von α' ein grober Fehler unterlaufen ist, vielleicht ein Ablesefehler, worauf die zweite Ausgleichung ($v_5 \doteq -10''$) hinweist. Man sollte also diese Beobachtung wiederholen.

Wurde hingegen bei der Beobachtung bereits konstatiert, daß α' weniger genau ist als die übrigen Winkel, so könnte man dies berücksichtigen, indem man dem v_5 ein kleines Gewicht zuteilt, dessen Größe allerdings einer mehr oder weniger willkürlichen Schätzung unterworfen ist. Um diese Willkür zu vermeiden, schreibt die österreichische Vermessungsinstruktion v. J. 1904 vor, daß im Dreiecksnetze vierter Ordnung alle Gewichte gleich 1 zu nehmen sind.

Zum Schlusse noch eine Bemerkung über die Entstehung dieses Beispieles. Vor allem: die Winkel wurden gar nicht beobachtet, sondern aus den Koordinaten der 4 Punkte A, B, C, D gerechnet und auf Zehner von Sekunden abgerundet. Die gerechneten Winkel können also als „wahre Werte“ betrachtet werden, die abgerundeten Zahlen stellen die fehlerhaften Beobachtungen vor. Beim Winkel α' wurde absichtlich eine schlechte Abrundung vorgenommen, welche dem vereinzelten Auftreten eines größeren Beobachtungsfehlers entspricht. Die Methode der kleinsten Quadrate hat diesen Fehler am richtigen Orte und annähernd in richtiger Größe aufgespürt.

Es ist interessant die folgenden Größen zu vergleichen:

Wahrer Wert	Beobachteter Wert	Verbesserter Wert	Wahrer Fehler	Scheinbarer Fehler
25° 55′ 21″	25° 55′ 20″	25° 55′ 22″	−1″	−2
77° 44′ 59″	77° 45′ 00″	77° 44′ 57″	+2″	+3
21° 4′ 22″	21° 4′ 20″	21° 4′ 22″	0″	−2
59° 25′ 23″	59° 25′ 20″	59° 25′ 21″	+2″	−1
17° 9′ 51″	17° 10′ 00″	17° 9′ 53″	−2″	+7
64° 00′ 48″	64° 00′ 50″	64° 0′ 48″	0″	+2
35° 29′ 27″	35° 29′ 30″	35° 29′ 29″	−2″	+1
59° 9′ 49″	59° 9′ 50″	59° 9′ 48″	+1″	+2

Der mittlere Wert der **wahren** Fehler beträgt

$$\sqrt{\frac{[ww]}{n}} = \sqrt{\frac{18}{8}} = \pm 1{\cdot}5''.$$

Die verbesserten Werte kommen in diesem Falle den wahren Werten sehr nahe.

§ 45. Mittlere Fehler.

Die Ausgleichung bedingter Beobachtungen läßt sich nach § 39 auf das Problem der vermittelnden Beobachtungen zurückführen, indem man aus den b Bedingungsgleichungen ebenso viele Unbekannte ausdrückt und in die o Beobachtungsgleichungen einsetzt. Man hat dann o Gleichungen mit $u-b$ Unbekannten, die man wie vermittelnde auflöst. Hat man die scheinbaren Fehler v der o Beobachtungsgleichungen berechnet, so findet man den „mittleren Fehler der Gewichtseinheit" nach Gleichung 45)

$$m = \pm \sqrt{\frac{[p\,v\,v]}{o-(u-b)}} = \pm \sqrt{\frac{[p\,v\,v]}{o-u+b}} =$$

$$= \pm \sqrt{\frac{[p\,v\,v]}{\text{Anz. d. Beob.} - \text{Anz. d. Unb.} + \text{Anz. d. Bed.}}} \quad . \; . \; . \; 66)$$

Handelt es sich um direkte Beobachtungen, so ist die Anzahl o der Beobachtungsgleichungen ebenso groß als die Anzahl u der Unbekannten, weil die Angabe des Resultats einer Beobachtung (z. B. $x = 1{\cdot}573$) schon eine Gleichung darstellt. Die Gleichung 66) vereinfacht sich bei direkten bedingten Beobachtungen:

$$m = \pm \sqrt{\frac{[p\,v\,v]}{b}} = \pm \sqrt{\frac{[p\,v\,v]}{\text{Anz. d. Bed.}}} \quad . \; . \; . \; . \; . \; . \; 67)$$

Es ist selbstverständlich, daß letztere Formel auch dann gilt, wenn man zur Bestimmung der Unbekannten (bezw. der Verbesserungen v) nicht die Substitutionsmethode benützt hat, sondern die Korrelatenmethode.

Aus dem mittleren Fehler m der Gewichtseinheit kann man nun die Fehler $m_1, m_2, \ldots$ der einzelnen Beobachtungsgleichungen berechnen:

$$\left.\begin{array}{l} m_1 = \dfrac{m}{\sqrt{p_1}} \\ m_2 = \dfrac{m}{\sqrt{p_2}} \\ \ldots\ldots \end{array}\right\} \quad \ldots\ldots\ldots\ldots\ldots \quad 68)$$

Bei direkten Beobachtungen sind das zugleich die mittleren Fehler der Beobachtungen oder Unbekannten vor der Ausgleichung.

Bei dieser Gelegenheit sei darauf hingewiesen, daß es für die Größe $[p\,v\,v]$ eine Kontrolle gibt, die aus der Eigenart der Korrelatenmethode fließt. Multipliziert man nämlich die Gleichungen 64) der Reihe nach mit $p_1\,v_1,\ p_2\,v_2,\ p_3\,v_3, \ldots,$ so kommt:

$$\begin{array}{l} p_1\,v_1\,v_1 = k_1\,a_1\,v_1 + k_2\,b_1\,v_1 + k_3\,c_1\,v_1 + \ldots \\ p_2\,v_2\,v_2 = k_1\,a_2\,v_2 + k_2\,b_2\,v_2 + k_3\,c_2\,v_2 + \ldots \\ p_3\,v_3\,v_3 = k_1\,a_3\,v_3 + k_2\,b_3\,v_3 + k_3\,c_3\,v_3 + \ldots \end{array}$$

Durch Addition dieser Gleichungen erhält man

$$[p\,v\,v] = k_1\,[a\,v] + k_2\,[b\,v] + k_3\,[c\,v] + \ldots$$

Nun ist aber nach Gleichung 59)

$$\begin{array}{l} [a\,v] = w_1 \\ [b\,v] = w_2 \\ [c\,v] = w_3 \\ \ldots\ldots \end{array}$$

Setzt man diese Werte in die Gleichung für $[p\,v\,v]$ ein, so erhält man die Kontrollgleichung

$$[p\,v\,v] = k_1\,w_1 + k_2\,w_2 + k_3\,w_3 + \ldots = [k\,w]$$

Hat man die Unbekannten $x, y, \ldots$ nach der Substitutionsmethode berechnet, so findet man die mittleren Fehler $m_x, m_y, \ldots$ derselben nach den Gleichungen 57) wie bei vermittelnden Beobachtungen.

$$\left.\begin{array}{l} m_x = \pm\, m\sqrt{k_1'} \\ m_y = \pm\, m\sqrt{k_2''} \\ m_z = \pm\, m\sqrt{k_3'''} \\ \cdot\;\cdot\;\cdot\;\cdot\;\cdot\;\cdot\;\cdot \end{array}\right\}$$

Diese Werte stellen die mittleren Fehler nach der Ausgleichung vor. Hat man hingegen die Unbekannten $x, y, \ldots$ nach der Korrelatenmethode berechnet, so kann man diesen Weg nicht einschlagen, um die mittleren Fehler nach der Ausgleichung zu finden. Man muß in diesem Falle so vorgehen, wie im § 48 gezeigt werden wird.

§ 46. Beispiele.

I. In dem Beispiele I des § 41 ergab sich der scheinbare Fehler v eines jeden Winkels des Dreieckes mit 40″. Es ist also $v_1 = v_2 = v_3 = 40''$ und $[p\,v\,v] = 40^2 + 40^2 + 40^2 = 3.40^2$ weil $p_1 = p_2 = p_3 = 1$. Die Anzahl der Bedingungsgleichungen ist $b = 1$, also

$$m = \pm \sqrt{\frac{[p\,v\,v]}{b}} = \pm \sqrt{\frac{3\,.\,40^2}{1}} = \pm\, 40\sqrt{3} = \pm\, 69''$$

Die mittleren Fehler m_1 resp. m_2, m_3 könnten nach Gleichung 46) gerechnet werden. Da alle $p = 1$ sind, so kommt $m_1 = m_2 = m_3 = m = 69''$.

Diese „Fehler der Beobachtungsgleichungen“ sind hier zugleich die Fehler der Beobachtungen oder der Unbekannten vor der Ausgleichung selbst, also $m_\alpha = m_\beta = m_\gamma = \pm\, 69''$.

Wir wollen auch noch die mittleren Fehler der Unbekannten nach die Ausgleichung berechnen. Die Ausgleichung wurde im Beispiele I durchgeführt, indem man eine Unbekannte (α) eliminierte. Es blieben drei Gleichungen $1\,\beta + 1\,\gamma = 112^0 48'$ u. s. w., die wie vermittelnde Beobachtungen behandelt wurden. Der mittlere Fehler m_β der Unbekannten β ergibt sich aus Gleichung 57) $m_\beta = m\sqrt{k_1'}$. Der mittlere Fehler m der Gewichtseinheit ist, wie oben gefunden wurde, $40\sqrt{3}$.

Die Korrelate k_1' berechnet man aus den Gleichungen

$$\left.\begin{array}{l} 2\,k_1' + 1\,k_2' = 1 \\ 1\,k_1' + 2\,k_2' = 0 \end{array}\right\}$$

Es ergibt sich $k_1 = \frac{2}{3}$ und somit

$$m_\beta = \pm\, 40''\, \sqrt{3}\,.\,\sqrt{\tfrac{2}{3}} = \pm\, 40''\, \sqrt{2} = \pm\, 57''$$

Ebenso groß würde man auch m_γ und m_α erhalten.

II. In dem Beispiele II ergab sich der Fehler v je eines Winkels des r-Eckes zu $\frac{\mathfrak{S}}{r}$, wenn $\mathfrak{S} = S - [\rho]$ den Schlußfehler des Polygons bedeutet. Die mittleren Fehler m, m_1, $m_2, \ldots$ vor der Ausgleichung erhält man nach Gleichung 67) und 68):

$$m = \pm \sqrt{\frac{[p\,v\,v]}{\text{Anz. d. B.}}}\,;\quad m_1 = \frac{m}{\sqrt{p_1}},\quad m_2 = \frac{m}{\sqrt{p_2}},\ \ldots .$$

Berücksichtigt man, daß alle $p = 1$ und die Anzahl der Bedingungsgleichungen auch 1 ist, so ergibt sich

$$m_1 = m_2 = \ldots = m = \pm \sqrt{r\,.\left(\frac{\mathfrak{S}}{r}\right)^2} = \pm\, \frac{\mathfrak{S}}{r}\,.\,\sqrt{r} = \pm\, \frac{\mathfrak{S}}{\sqrt{r}}$$

Die Fehler $m_1, m_2, \ldots$ der Beobachtungsgleichungen sind offenbar mit den Fehlern $m_x, m_y, \ldots$ der Unbekannten identisch, so daß der mittlere Fehler eines Polygonwinkels zu $\frac{\mathfrak{S}}{\sqrt{r}}$ angenommen werden kann. Der mittlere Fehler einer Winkelmessung ist (dieselben Umstände vorausgesetzt) eine konstante Größe; $\frac{\mathfrak{S}}{\sqrt{r}}$ soll also konstant sein. Dies tritt aber dann ein, wenn der Schlußfehler $\mathfrak{S}$ der Quadratwurzel aus der Anzahl der Winkelmessungen proportional ist. Wir sind auf diesem Wege neuerdings auf das wohlbekannte Fehlerfortschreitungsgesetz gekommen.

III. In dem Beispiele III wurden die scheinbaren Fehler v der Gefälle bestimmt; es folgt weiter:

v	p	pvv
2·025	8	33
2·314	7	37
1·339	6	11
2·201	11	53
3·460	7	84
		218

Der mittlere Fehler m der Gewichtseinheit ergibt sich nach Gleichung 67)

$$m = \pm \sqrt{\frac{218}{2}} = \pm 10{\cdot}5$$

und die mittleren Fehler $m_1, m_2, \ldots$ nach Gleichung 68)

$$m_1 = \frac{m}{\sqrt{8}} = \pm 3{\cdot}8\ mm$$

$$m_2 = \frac{m}{\sqrt{7}} = \pm 4{\cdot}0\ mm$$

$$m_3 = \frac{m}{\sqrt{6}} = \pm 4{\cdot}3\ mm$$

$$m_4 = \frac{m}{\sqrt{11}} = \pm 3{\cdot}3\ mm$$

$$m_5 = \frac{m}{\sqrt{7}} = \pm 4{\cdot}0\ mm$$

Der mittlere Fehler der Gewichtseinheit hat hier eine tatsächliche Bedeutung. Es wurden nämlich die Quotienten $\frac{10000\ m}{\text{Länge}}$ als Gewichtszahlen angenommen und diese noch durch 2 gekürzt, so daß das Gewicht $= \frac{5000\ m}{\text{Länge}}$. Bei einer Länge von 5000 m ist das Gewicht = 1, der Fehler μ ist also der mittlere Fehler eines Gefälles von 5 km Länge. Der mittere Fehler μ bei 1 km Länge heißt der „Kilometerfehler des Nivellements". Bei diesem speziellen Beispiel ergibt sich also (wenn man wieder das Fehlerfortschreitungsgesetz gelten läßt) der Kilometerfehler:

$$\mu = \frac{m}{\sqrt{5}} = 4 \cdot 7 \; mm$$

IV. In dem Beispiele des § 44 ist die Anzahl der Bedingungsgleichungen 4, die $[p\,v\,v]$ beträgt 81·72, folglich ist der mittlere Fehler m der Gewichtseinheit (d. i. einer Beobachtung vor der Ausgleichung)

$$m = \pm \sqrt{\frac{81 \cdot 72}{4}} = \pm 4 \cdot 5'' = m_\alpha = m_\beta = \ldots .$$

Weil bei diesem Beispiel die Korrelatenmethode angewendet wurde, so könnte der mittlere Fehler nach der Ausgleichung nur nach § 48 berechnet werden. Er wird sich dem mittleren Werte $\pm$ 1·5″ der wahren Fehler nähern, der am Schlusse des § 44 angegeben wurde. Je kleiner der mittlere Fehler nach der Ausgleichung im Verhältnise zu dem mittleren Fehler vor der Ausgleichung ist, desto größer ist begreiflicher Weise der Gewinn an Genauigkeit, der durch die Ausgleichung überhaupt erzielt wurde.

An dieser Stelle sei noch die in § 45 erläuterte Kontrollrechnung für $[p\,v\,v]$ durchgeführt. Man erhält

$$\begin{aligned}
k_1\,w_1 &= +0 \cdot 660 \,.\, +79 = +52 \cdot 14 \\
k_2\,w_2 &= +0 \cdot 557 \,.\, 0 \quad = \quad 0 \\
k_3\,w_3 &= -1 \cdot 543 \,.\, -10 = +15 \cdot 43 \\
k_4\,w_4 &= -1 \cdot 415 \,.\, -10 = +14 \cdot 15 \\
\hline
[k\,w] &= \qquad\qquad\quad = +81 \cdot 72
\end{aligned}$$

in vollständiger Übereinstimmung mit dem direkt berechneten Werte $[p\,v\,v]$.

§ 47. Entscheidung über die Wahl der Substitutions- und der Korrelatenmethode bei direkten Beobachtungen.

Beiden Methoden sind die vorbereitenden Schritte gemeinsam: das Aufsuchen der Bedingungsgleichungen, das Einsetzen der verbesserten Beobachtungswerte $o_1 + v_1$, $o_2 + v_2 \ldots$ statt o_1, $o_2, \ldots$, und das Entwickeln der Bedingungsgleichungen in linearer Form nach den Verbesserungen $v_1, v_2, \ldots$ Von hier an teilen sich die Wege.

I. Substitutionsmethode.

A.

1. Aus den $\mathfrak{B}$ Bedingungsgleichungen sind $\mathfrak{B}$ Unbekannte (v_1, v_2, ...) durch die übrigen auszudrücken.
2. Die Ausdrücke sind in die $\mathfrak{O}$ Beobachtungsgleichungen ($v_1 = o, v_2 = o, \ldots$) einzusetzen.
3. Die erhaltenen $\mathfrak{O}$ Gleichungen sind als Vermittlungsgleichungen mit ($\mathfrak{O} - \mathfrak{B}$) Unbekannten zu behandeln, indem man für sie die Normalgleichungen aufstellt. (Tabellarische Berechnung der Koeffizienten $[p\,a\,a]$, $[p\,a\,b]$, ...).
4. Die ($\mathfrak{O} - \mathfrak{B}$) Normalgleichungen werden aufgelöst.
5. Aus den gefundenen ($\mathfrak{O} - \mathfrak{B}$) Unbekannten werden die übrigen mit Hilfe der Substitutionsgleichungen aus 1) berechnet.

B.

1. Aus den $\mathfrak{B}$ Bedingungsgleichungen sind $\mathfrak{B}$ Unbekannte (v_1, v_2, ...) durch die übrigen auszudrücken.
2. Diese Ausdrücke sind in die Minimumsgleichung $[p\,v\,v] = \text{Min}$ einzusetzen. $[p\,v\,v]$ enthält nun ($\mathfrak{O} - \mathfrak{B}$) Variable.
3. Der Ausdruck $[p\,v\,v]$ wird nach den ($\mathfrak{O} - \mathfrak{B}$) Variablen partiell differenziert und die Differentialquotienten einzeln der Null gleich gesetzt. (Keine tabellarische Berechnung, dafür ($\mathfrak{O} - \mathfrak{B}$)-mal zu differenzieren.)
4. Die ($\mathfrak{O} - \mathfrak{B}$) Gleichungen werden aufgelöst.
5. Aus den ($\mathfrak{O} - \mathfrak{B}$) gefundenen Unbekannten werden die übrigen mit Hilfe der Substitutionsgleichungen aus 1) berechnet.

II. Korrelatenmethode.

1. Die $\mathfrak{B}$ Bedingungsgleichungen sind mit den $\mathfrak{B}$ Korrelaten $k_1, k_2, \ldots$ der Reihe nach zu multiplizieren.

2. Für die Korrelaten sind 𝔅 Normalgleichungen

$$\left[\frac{aa}{p}\right] k_1 + \left[\frac{ab}{p}\right] k_2 + \ldots \text{u. s. w.}$$

aufzustellen.

3. Diese 𝔅 Gleichungen sind aufzulösen.

4. Die Unbekannten ($v_1, v_2, \ldots$) sind mit Hilfe der Gleichungen

$$v_1 = \frac{a_1 k_1 + b_1 k_2 + \ldots}{p_1} \text{ u. s. w. zu berechnen.}$$

Aus dieser Zusammenstellung ersieht man, daß die Methode I *A* und I *B* ungefähr gleiche Zeit beanspruchen. Die Hauptarbeit liegt jedenfalls in dem Auflösen des Gleichungssystems. Dies gilt auch von der Methode II. Nun sind bei I (𝔒 — 𝔅) Gleichungen aufzulösen, bei II aber 𝔅 Gleichungen. Es wird hauptsächlich darauf ankommen, ob 𝔒 — 𝔅 größer oder kleiner als 𝔅 ist. Ist 𝔒 — 𝔅 kleiner als 𝔅, also 𝔒 < 2 𝔅, so wird man die Substitutionsmethode anwenden. Ist hingegen 𝔒 — 𝔅 > 𝔅, also 𝔒 > 2 𝔅, so ist die Korrelatenmethode zu empfehlen.

Im Grenzfalle (𝔒 = 2 𝔅) wird man noch überlegen müssen, ob bei der Substitutionsmethode die im Punkte 1 vorgeschriebenen Operationen nicht eine bedeutende Erschwerung mit sich bringen.

§ 48. Bestimmung der mittleren Fehler der Unbekannten nach erfolgter Ausgleichung durch die Korrelatenmethode.

Zur Erklärung des vorliegenden Problems ist es notwendig, die Behandlung der Ausgleichung direkter bedingter Beobachtungen mittels Korrelaten noch einmal zu überblicken.

Die unbekannten Größen x_1, x_2, x_3, x_4 wurden direkt beobachtet und für sie die Werte o_1, o_2, o_3, o_4 gefunden. Die Unbekannten x sollen die Bedingungsgleichungen

$$\varphi(x_1, x_2, x_3, x_4) = a_0$$
$$\psi(x_1, x_2, x_3, x_4) = b_0$$
$$\chi(x_1, x_2, x_3, x_4) = c_0$$

strenge erfüllen und sich den beobachteten Werten o_1, o_2, o_3, o_4 möglichst gut anpassen. Man setzt statt der x die verbesserten Werte $o+v$ in die Bedingungsgleichungen ein, entwickelt nach den v in linearer Form und erhält so die Widerspruchsgleichungen.

$$\begin{aligned} a_1 v_1 + a_2 v_2 + a_3 v_3 + a_4 v_4 &= w_1 = a_0 - \varphi(o_1, o_2, o_3, o_4) \\ b_1 v_1 + b_2 v_2 + b_3 v_3 + b_4 v_4 &= w_2 = b_0 - \psi(o_1, o_2, o_3, o_4) \\ c_1 v_1 + c_2 v_2 + c_3 v_3 + c_4 v_4 &= w_3 = c_0 - \chi(o_1, o_2, o_3, o_4) \end{aligned}$$

Man berechnet nun die unbestimmten Faktoren k_1, k_2, k_3 (Korrelaten) aus den Gleichungen 65) (wobei alle $p = 1$ angenommen seien):

$$\left.\begin{aligned} [a\,a]\,k_1 + [a\,b]\,k_2 + [a\,c]\,k_3 &= w_1 \\ [a\,b]\,k_1 + [b\,b]\,k_2 + [b\,c]\,k_3 &= w_2 \\ [a\,c]\,k_1 + [b\,c]\,k_2 + [c\,c]\,k_3 &= w_3 \end{aligned}\right\}$$

setzt die gefundenen Werte der k in die Gleichungen 64)

$$\left.\begin{aligned} v_1 &= k_1 a_1 + k_2 b_1 + k_3 c_1 \\ v_2 &= k_1 a_2 + k_2 b_2 + k_3 c_2 \\ v_3 &= k_1 a_3 + k_2 b_3 + k_3 c_3 \\ v_4 &= k_1 a_4 + k_2 b_4 + k_3 c_4 \end{aligned}\right\}$$

ein, erhält die v und damit die verbesserten Werte oder die Unbekannten x „nach erfolgter Ausgleichung“:

$$\begin{aligned} x_1 &= o_1 + v_1 & \qquad x_3 &= o_3 + v_3 \\ x_2 &= o_2 + v_2 & \qquad x_4 &= o_4 + v_4 \end{aligned}$$

Aus dem Entwicklungsgange ersieht man, daß jeder Wert x von sämtlichen o abhängt, weil die Widersprüche w die o enthalten.. Hätte sich ein einziges o anders ergeben, als es tatsächlich beobachtet wurde, so würde mindestens ein w, gewiß aber alle k und o und damit auch alle x ihren Wert ändern, nicht nur dasjenige x, welches zu dem schwankenden o gehört. Der Fehler der ausgeglichenen Beobachtung x ist also mit dem Fehler der direkten Beobachtung o keineswegs identisch.

Es handelt sich nun darum, den mittleren Wert des Fehlers eines x zu bestimmen, wenn die mittleren Fehler aller o bekannt sind. Um diese Aufgabe nicht für jedes x einzeln durchführen zu müssen, bestimmen wir den mittleren Fehler der Funktion

$$F = q_0 + q_1 x_1 + q_2 x_2 + q_3 x_3 + q_4 x_4 \; . \; . \; . \; . \; . \; . \; . \; . \quad 69)$$

Man braucht dann nur, wenn es sich z. B. um den mittleren Fehler von x_1 handelt, $q_1 = 1$ und alle übrigen $q = 0$ zu setzen. (Das erste Glied q_0 wurde eingeführt, um das Problem einer Erweiterung fähig zu machen, die später besprochen werden soll.)

Da Gleichung 39) nur den mittleren Fehler einer Funktion **direkt** beobachteter, also unabhängiger Größen zu berechnen gestattet, so müssen wir in Gleichung 69) die direkt beobachteten o einführen:

$$\begin{aligned} F &= q_0 + q_1(o_1 + v_1) + q_2(o_2 + v_2) + q_3(o_3 + v_3) + q_4(o_4 + v_4) = \\ &= q_0 + q_1 o_1 + q_2 o_2 + q_3 o_3 + q_4 o_4 + q_1 v_1 + q_2 v_2 + q_3 v_3 + \\ &+ q_4 v_4 = q_0 + [q\,o] + [q\,v] \end{aligned}$$

Setzt man statt der v die aus Gleichung 64) folgenden Werte ein, so ergibt sich, wenn man nach k_1, k_2, k_3 ordnet:

$$F = q_0 + [q\,o] + [q\,a]\,k_1 + [q\,b]\,k_2 + [q\,c]\,k_3 \; . \; . \; . \; . \; . \; . \quad 70)$$

Es würde durchaus nicht genügen, die Korrelaten k, die man in einem praktischen Falle bereits bei Berechnung der v ermittelt hatte, mit ihrem **Zahlenwerte** hier einzusetzen; man muß sie vielmehr aus den Korrelatengleichungen 65) **allgemein** (durch die o) ausdrücken und dann substituieren. Dies kann wieder durch Einführung von unbestimmten Faktoren geschehen. Wir multiplizieren zu diesem Zwecke die Gleichungen 65) der Reihe nach mit r_1, r_2, r_3:

$$\left.\begin{aligned} [a\,a]\,r_1\,k_1 + [a\,b]\,r_1\,k_2 + [a\,c]\,r_1\,k_3 &= w_1\,r_1 \\ [a\,b]\,r_2\,k_1 + [b\,b]\,r_2\,k_2 + [b\,c]\,r_2\,k_3 &= w_2\,r_2 \\ [a\,c]\,r_3\,k_1 + [b\,c]\,r_3\,k_2 + [c\,c]\,r_3\,k_3 &= w_3\,r_3 \end{aligned}\right\} \; . \; . \; . \; . \quad 71)$$

Nun addiert man 70) und 71) in vertikalen Reihen:

$$q_0 + [q\,o] + ([a\,a]\,r_1 + [a\,b]\,r_2 + [a\,c]\,r_3 + [q\,a])\,k_1$$
$$+ ([a\,b]\,r_1 + [b\,b]\,r_2 + [b\,c]\,r_3 + [q\,b])\,k_2$$
$$+ ([a\,c]\,r_1 + [b\,c]\,r_2 + [c\,c]\,r_3 + [q\,c])\,k_3 =$$
$$= F + w_1\,r_1 + w_2\,r_2 + w_3\,r_3 \; . \; . \; . \; . \; . \; . \quad 72)$$

Bis jetzt haben wir die unbestimmten Faktoren r keiner Bedingung unterworfen, obwohl wir berechtigt sind, für die drei willkürlich eingeführten Größen drei Bedingungen aufzustellen, ohne der Allgemeinheit der Gleichungen zu schaden. Wir setzen also fest:

Die r sollen so beschaffen sein, daß die Ausdrücke in den drei runden Klammern Null werden.

Dadurch fallen die k mit einem Schlage weg, während die w in die Gleichung eingetreten sind. Der Erfolg ist also derselbe, als ob man die k durch die w ausgedrückt und in Gleichung 70) eingesetzt hätte. Es bleibt somit die Gleichung

$$q_0 + [q\,o] = F + w_1\,r_1 + w_2\,r_2 + w_3\,r_3$$

oder

$$F = q_0 + [q\,o] - w_1\,r_1 - w_2\,r_2 - w_3\,r_3$$

Die w sind, wie gesagt, von den o abhängig, z. B.

$$w_1 = a_0 - \varphi\,(o_1,\; o_2,\; o_3,\; o_4,)$$

Ändert man o_1, o_2, o_3, o_4 um $\Delta\,o_1$, $\Delta\,o_2$, $\Delta\,o_3$, $\Delta\,o_4$, so ergeben sich die Änderungen der w

$$\Delta\,w_1 = -\frac{\partial\,\varphi}{\partial\,o_1}\,\Delta\,o_1 - \frac{\partial\,\varphi}{\partial\,o_2}\,\Delta\,o_2 - \frac{\partial\,\varphi}{\partial\,o_3}\,\Delta\,o_3 - \frac{\partial\,\varphi}{\partial\,o_4}\,\Delta\,o_4 =$$
$$= -\,a_1\,\Delta\,o_1 - a_2\,\Delta\,o_2 - a_3\,\Delta\,o_3 - a_4\,\Delta\,o_4$$

$$\Delta\,w_2 = -\frac{\partial\,\psi}{\partial\,o_1}\,\Delta\,o_1 - \frac{\partial\,\psi}{\partial\,o_2}\,\Delta\,o_2 - \frac{\partial\,\psi}{\partial\,o_3}\,\Delta\,o_3 - \frac{\partial\,\psi}{\partial\,o_4}\,\Delta\,o_4 =$$
$$= -\,b_1\,\Delta\,o_1 - b_2\,\Delta\,o_2 - b_3\,\Delta\,o_3 - b_4\,\Delta\,o_4$$

$$\Delta\,w_3 = -\frac{\partial\,\chi}{\partial\,o_1}\,\Delta\,o_1 - \frac{\partial\,\chi}{\partial\,o_2}\,\Delta\,o_2 - \frac{\partial\,\chi}{\partial\,o_3}\,\Delta\,o_3 - \frac{\partial\,\chi}{\partial\,o_4}\,\Delta\,o_4 =$$
$$= -\,c_1\,\Delta\,o_1 - c_2\,\Delta\,o_2 - c_3\,\Delta\,o_3 - c_4\,\Delta\,o_4$$

Die Änderung von $[q\,o]$ beträgt

$$\Delta [q\,o] = \Delta (q_1\,o_1 + q_2\,o_2 + q_3\,o_3 + q_4\,o_4) =$$
$$= q_1\,\Delta\,o_1 + q_2\,\Delta\,o_2 + q_3\,o_3 + q_4\,\Delta\,o_4$$

Subtrahiert man von der letzten Gleichung die vorhergehenden 3 Gleichungen, (nachdem man sie der Reihe nach mit r_1, r_2, r_3 multipliziert hat), so erhält man die Änderung von F

$$\begin{aligned} \Delta\,F = & (q_1 + a_1\,r_1 + b_1\,r_2 + c_1\,r_3)\,\Delta\,o_1 \\ & + (q_2 + a_2\,r_1 + b_2\,r_2 + c_2\,r_3)\,\Delta\,o_2 \\ & + (q_3 + a_3\,r_1 + b_3\,r_2 + c_3\,r_3)\,\Delta\,o_3 \\ & + (q_4 + a_4\,r_1 + b_4\,r_2 + c_4\,r_3)\,\Delta\,o_4 \end{aligned}$$

Bezeichnet man die Klammerausdrücke mit den Buchstaben Q_1, Q_2, Q_3, Q_4, so kann man kurz schreiben

$$\Delta\,F = Q_1\,\Delta\,o_1 + Q_2\,\Delta\,o_2 + Q_3\,\Delta\,o_3 + Q_4\,\Delta\,o_4$$

Diese Gleichung gilt für jeden Wert, welchen die $\Delta\,o$ annehmen mögen, wenn sie nur als „sehr klein" im Vergleiche zu den Hauptwerten o zu betrachten sind, was ja bei der Entwicklung von $\varphi\,(o_1 + v_1, \ldots)$ vorausgesetzt wurde. Nimmt man statt der verschiedenen $\Delta\,o$ einen Mittelwert $\pm\,m$ an, also den mittleren Fehler einer Beobachtung, so ergibt sich m_F, der Mittelwert von $\Delta\,F$, d. i. der mittlere Fehler der Funktion F nach Gleichung 39):

$$m_F = \pm\,m \sqrt{[Q\,Q]} \quad \ldots\ldots\ldots\ldots \quad 73)$$

Die Größen Q berechnet man aus den Formeln

$$\left.\begin{aligned} Q_1 &= q_1 + a_1\,r_1 + b_1\,r_2 + c_1\,r_3 \\ Q_2 &= q_2 + a_2\,r_1 + b_2\,r_2 + c_2\,r_3 \\ Q_3 &= q_3 + a_3\,r_1 + b_3\,r_2 + c_3\,r_3 \\ Q_4 &= q_4 + a_4\,r_1 + b_4\,r_2 + c_4\,v_4 \end{aligned}\right\} \quad \ldots\ldots\ldots \quad 74)$$

und die unbestimmten Koeffizienten r, indem man die Ausdrücke in den runden Klammern der Gleichung 72) gleich Null setzt:

$$\begin{aligned} [a\,a]\,r_1 + [a\,b]\,r_2 + [a\,c]\,r_3 + [q\,a] &= 0 \\ [a\,b]\,r_1 + [b\,b]\,r_2 + [b\,c]\,r_3 + [q\,b] &= 0 \\ [a\,c]\,r_1 + [b\,c]\,r_2 + [c\,c]\,r_3 + [q\,c] &= 0 \end{aligned}$$

Das sind die sogenannten Übertragungsgleichungen, die man auch in einer Form schreiben kann, welche mit der der Normalgleichungen 65) nahe verwandt ist:

$$\left.\begin{array}{l}[a\,a]\,r_1+[a\,b]\,r_2+[a\,c]\,r_3=-[a\,q]\\ [a\,b]\,r_1+[b\,b]\,r_2+[b\,c]\,r_3=-[b\,q]\\ [a\,c]\,r_1+[b\,c]\,r_2+[c\,c]\,r_3=-[c\,q]\end{array}\right\}\quad\ldots\ldots\quad 75)$$

Die Ausführung der Rechnung geschieht nun in einem praktischen Falle so: man berechnet aus den Übertragungsgleichungen 75) die r, setzt diese zahlenmäßig in 74) ein, um die Q zu finden. Mit Hilfe dieser Q rechnet man dann aus Gleichung 73) den mittleren Fehler der Funktion F.

Sind die Gewichte p der Beobachtung nicht gleich 1, so darf man auch nicht alle $\Delta\,o = m$ setzen, sondern — nach Gleichung 46) —

$$\Delta\,o_1 = \frac{m}{\sqrt{p_1}},\quad \Delta_2 = \frac{m}{\sqrt{p_2}},\ \ldots\ldots$$

Die Gleichung 73) nimmt dann die Form an:

$$m_y = \pm\sqrt{Q_1{}^2\frac{m^2}{p_1}+Q_2{}^2\frac{m^2}{p_2}+\ldots} = \pm\, m\sqrt{\left[\frac{Q\,Q}{p}\right]}\ \ldots\ 76)$$

worin m der mittlere Fehler der Gewichtseinheit ist.

Zur Erläuterung des Gesagten wollen wir die mittleren Fehler m_{x_1} und m_{x_5} der Unbekannten x_1 bezw. x_5 des Beispieles im § 44 berechnen.

I. Berechnung des mittleren Fehlers m_{x_1}.

Die Funktion lautet jetzt einfach $F = x_1$. Es ist also $q_0 = 0$, $q_1 = 1$, $q_2 = q_3 = \ldots q_8 = 0$. Auf der rechten Seite der Übertragungsgleichungen ergiebt sich:

$$\begin{array}{l}[a\,q] = a_1\,q_1 + a_2\,.\,0 + \ldots\ldots = a_1\,.\,q_1 = 4{\cdot}3\\ [b\,q] = b_1\,q_1 + b_2\,.\,0 + \ldots\ldots = b_1\,.\,q_1 = 1\\ [c\,q] = c_1\,q_1 + c_2\,.\,0 + \ldots\ldots = c_1\,.\,q_1 = 1\\ [d\,q] = d_1\,q_1 + d_2\,.\,0 + \ldots\ldots = d_1\,.\,q_1 = 0\end{array}$$

Die Übertragungsgleichungen lauten also:

$$\left.\begin{array}{l} 107{\cdot}02\,r_1 + 1{\cdot}3\,r_2 - 3{\cdot}2\,r_3 - 1{\cdot}9\,r_4 = -4{\cdot}3 \\ 1{\cdot}3\,r_1 + 4\,r_2 + 2\,r_3 = -1 \\ -3{\cdot}2\,r_1 + 2\,r_2 + 4\,r_3 + 2\,r_4 = -1 \\ -1{\cdot}9\,r_1 + 2\,r_3 + 4\,r_4 = -0 \end{array}\right\}$$

Aus diesen folgt:

$$r_1 = -0{\cdot}046,\quad r_2 = -0{\cdot}077,\quad r_3 = -0{\cdot}316,\quad r_4 = +0{\cdot}136.$$

Damit erhält man mittels der Gleichungen 74):

$$\begin{array}{ll} Q_1 = 1 + 4{\cdot}3\,r_1 + 1.r_2 + 1.r_3 + 0.r_4 = +0{\cdot}41 & Q_1^2 = 0{\cdot}1681 \\ Q_2 = 0 + 0{\cdot}5\,r_1 + 0.r_2 + 1.r_3 + 1.r_4 = -0{\cdot}20 & Q_2^2 = 0{\cdot}0400 \\ Q_3 = 0 + 5{\cdot}4\,r_1 + 0.r_2 + 0.r_3 + 1.r_4 = -0{\cdot}11 & Q_3^2 = 0{\cdot}0121 \\ Q_4 = 0 + 1{\cdot}2\,r_1 + 1.r_2 + 0.r_3 + 0.r_4 = -0{\cdot}14 & Q_4^2 = 0{\cdot}0196 \\ Q_5 = 0 - 6{\cdot}8\,r_1 + 0.r_2 + 1.r_3 + 1.r_4 = +0{\cdot}13 & Q_5^2 = 0{\cdot}0169 \\ Q_6 = 0 - 1{\cdot}0\,r_1 + 0.r_2 + 0.r_3 + 1.r_4 = +0{\cdot}19 & Q_6^2 = 0{\cdot}0361 \\ Q_7 = 0 - 3{\cdot}0\,r_1 + 1.r_2 + 0.r_3 + 0.r_4 = +0{\cdot}06 & Q_7^2 = 0{\cdot}0036 \\ Q_8 = 0 - 1{\cdot}2\,r_1 + 1.r_2 + 1.r_3 + 0.r_4 = -0{\cdot}34 & Q_8^2 = 0{\cdot}1156 \\ \hline & [Q\,Q] = 0{\cdot}4100 \end{array}$$

Der mittlere Fehler m_{x_1} des Winkels x_1 ergibt sich nur nach erfolgter Ausgleichung nach Gleichung 73):

$$m_{x_1} = \pm m\sqrt{0{\cdot}4100} = \pm 4{\cdot}5.0{\cdot}64 = \pm 2{\cdot}9''.$$

II. Berechnung des mittleren Fehlers m_{x_5}.

Die Funktion F lautet jetzt $F = x_5$. Es ist also $q_5 = 1$ und alle übrigen $q = 0$.

Die rechten Seiten der Übertragungsgleichungen ergeben sich:

$$\begin{array}{l} -[a\,q] = -a_5\,q_5 = +6{\cdot}8 \\ -[b\,q] = -b_5\,q_5 = 0 \\ -[c\,q] = -c_5\,q_5 = -1 \\ -[d\,q] = -d_5\,q_5 = -1 \end{array}$$

Die Übertragungsgleichungen lauten daher:

$$\left.\begin{array}{l} 107{\cdot}02\,r_1 + 1{\cdot}3\,r_2 - 3{\cdot}2\,r_3 - 1{\cdot}9\,r_4 = +6{\cdot}8 \\ 1{\cdot}3\,r_1 + 4\,r_2 + 2\,r_3 = 0 \\ -3{\cdot}2\,r_1 + 2\,r_2 + 4\,r_3 + 2\,r_4 = -1 \\ -1{\cdot}9\,r_1 + 2\,r_3 + 4\,r_4 = -1 \end{array}\right\}$$

Aus diesen folgt:

$r_1 = +0{\cdot}055, \quad r_2 = +0{\cdot}067, \quad r_3 = -0{\cdot}170, \quad r_4 = -0{\cdot}139.$

Mit diesen Werten erhält man aus den Gleichungen 74):

$$\begin{array}{ll}
Q_1 = 0 + 4{\cdot}3\,r_1 + 1.r_2 + 1.r_3 + 0.r_4 = +0{\cdot}14 & Q_1^2 = 0{\cdot}0196 \\
Q_2 = 0 + 0{\cdot}5\,r_1 + 0.r_2 + 1.r_3 + 1.r_4 = -0{\cdot}28 & Q_2^2 = 0{\cdot}0784 \\
Q_3 = 0 + 5{\cdot}4\,r_1 + 0.r_2 + 0.r_3 + 1.r_4 = +0{\cdot}16 & Q_3^2 = 0{\cdot}0256 \\
Q_4 = 0 + 1{\cdot}2\,r_1 + 1.r_2 + 0.r_3 + 0.r_4 = +0{\cdot}14 & Q_4^2 = 0{\cdot}0196 \\
Q_5 = 1 - 6{\cdot}8\,r_1 + 0.r_2 + 1.r_3 + 1.r_4 = -0{\cdot}32 & Q_5^2 = 0{\cdot}1024 \\
Q_6 = 0 - 1{\cdot}0\,r_1 + 0.r_2 + 0.r_3 + 1.r_4 = -0{\cdot}20 & Q_6^2 = 0{\cdot}0400 \\
Q_7 = 0 - 3{\cdot}0\,r_1 + 1.r_2 + 0.r_3 + 0.r_4 = -0{\cdot}10 & Q_7^2 = 0{\cdot}0100 \\
Q_8 = 0 - 1{\cdot}2\,r_1 + 1.r_2 + 1.r_3 + 0.r_4 = -0{\cdot}17 & Q_8^2 = 0{\cdot}0289 \\
\hline
 & [Q\,Q] = 0{\cdot}3245
\end{array}$$

Der mittlere Fehler m_{x_5} des Winkels x_5 nach erfolgter Ausgleichung ergibt sich nun nach Gleichung 73):

$$m_{x_5} = \pm m\sqrt{0{\cdot}3245} = \pm 4{\cdot}5 . 0{\cdot}57 = \pm 2{\cdot}6''.$$

Man ersieht daraus, daß der Winkel x_5, welcher einer so auffallend großen Verbesserung bedürftig war, nach erfolgter Ausgleichung nicht unsicherer ist als z. B. der Winkel x_1, dessen Verbesserung sich in normalen Grenzen bewegte. Man könnte daher die ausgeglichenen Winkel beruhigt zu weiteren Rechnungen (Seitenlängen, Koordinaten u. s. w.) verwenden.

Das Problem ist noch einer Erweiterung fähig. Die Bestimmung der Unbekannten und ihrer Fehler bildet nicht den Schlußstein der ganzen Ausgleichungsrechnung. Man begnügt sich nicht damit, die Unbekannten „möglichst gut" bestimmt zu haben, man will und muß gewöhnlich die gefundenen Werte als Grundlage für weitere Berechnungen benützen, wie z. B. in einem Dreiecksnetze, wo man mit den ausgeglichenen Winkeln und der Basis die Längen der Seiten, ihre Azimute, die Koordinaten der Eckpunkte zu berechnen hat. Die Fehler, welche diesen gerechneten Größen anhaften, sind natürlicherweise von großem Interesse. Die Behandlung dieser Frage würde aber zu weit führen, weil sich jene Größen nicht unmittelbar als lineare Funktionen der Unbekannten x selbst darstellen lassen, wie die Funktion F in Gleichung 69).

§ 49. Amtliche Vorschriften.

Die österreichische Vermessungsinstruktion vom Jahre 1904 enthält betreffs Ausgleichung bedingter Beobachtungen Vorschriften, die im folgenden kurz besprochen werden sollen.

A. Triangulierung.

I. In den Hauptnetzpunkten werden die Richtungen in der Regel in 3 Sätzen beobachtet, indem man die Objekte in jeder Kreislage vom ersten bis wieder zum ersten anvisiert und aus den korrespondierenden Werten die Mittel bildet. Dadurch werden nicht nur gewisse Instrumentalfehler, sondern auch die periodischen Fehler der Stativ- oder Pfeilerdrehung eliminiert, wenn man voraussetzt, daß diese Drehung der Zeit, also ungefähr auch der Anzahl der Beobachtungen proportional sei. Es liegt also diesem Verfahren eine Ausgleichung der Stationsfehler nach gleichen Gewichten zu Grunde. Werden den Beobachtungen nach Sätzen auch solche mit Repetition untermengt (gewöhnlich dreifache Repetition des doppelten Winkels), so sind beide als gleichgewichtig zu betrachten.

II. Die Hauptnetzpunkte sind im allgemeinen im Zusammenhange auszugleichen. Dabei treten nicht nur äußere Richtungsbeobachtungen (wie im Beispiele III des § 33), sondern auch innere Richtungsbeobachtungen auf, das sind solche, wo von dem zu bestimmenden Punkte nach den gegebenen Punkten visiert wurde. Der Grundgedanke ist derselbe wie in dem genannten Beispiel. Die Abweichungen v der verbesserten von den vorläufigen Strahlen sollen so beschaffen sein, daß $[p v v] = \text{Min}$, wobei die Gewichte als 1 anzunehmen sind. Als Unbekannte werden die notwendigen Verschiebungen $\delta \mathfrak{x}$ und $\delta \mathfrak{y}$ der Koordinaten angenommen, bei inneren Richtungsbeobachtungen aber außerdem noch die Verdrehung $\mathfrak{z}$, welche dem Strahlenbüschel erteilt werden muß, wie ja auch beim graphischen Rückwärtseinschneiden mittels des Pauspapiers nicht nur eine Verschiebung, sondern auch eine Drehung des gezeichneten Strahlenbüschels vorgenommen werden muß. Die Aufstellung von Seiten- und Winkelgleichungen entfällt, weil diese von selbst erfüllt werden, sobald die widerspenstigen Strahlen gezwungen wurden, durch einen hypothetischen Punkt zu gehen — wenn dieser auch nicht der „beste" wäre.

III. Minder wichtige Punkte können nach der graphischen Methode ausgeglichen werden (Horskýsches Diagramm).

B. Polygonierung.

Die Netzpunkte vierter Ordnung werden durch Polygonzüge verbunden, deren Seiten möglichst gleich lang sind und nicht unter 50 *m* und nicht über 300 *m* betragen. Die Winkel werden in jeder Kreislage gemessen, mindestens einmal. Der Schlußfehler darf unter normalen Verhältnissen $75'' \sqrt{n}$ nicht übersteigen, wenn n die Anzahl sämtlicher Brechungswinkel (einschließlich An- und Abschlußwinkel) bedeutet. Ist die längste Seite des Polygonzuges nicht mehr als viermal so groß als die kürzeste Seite, so wird der Schlußfehler gleichmäßig verteilt, indem man den Visuren und daher auch den Winkeln gleiche Gewichte zuschreibt. Andernfalls geschieht die Verteilung im Verhältnisse von

$$\left(\frac{1000}{s_0}+\frac{1000}{s_1}\right):\left(\frac{1000}{s_1}+\frac{1000}{s_2}\right):\left(\frac{1000}{s_2}+\frac{1000}{s_3}\right):\ldots,$$

wo $s_0, s_1, s_2, s_3, \ldots$ die Längen der Polygonseiten in Metern vorstellen. Diese Art der Ausgleichung stützt sich auf die Annahme, daß das Gewicht einer Richtung (Visur) der Länge der Seite proportional sei. Bei den hier auftretenden kleinen Distanzen spielt derFehler durch mangelhafte Zentrierung und durch Schiefstellung der Stäbe eine bedeutende Rolle (1 *cm* seitliche Abweichung macht auf 100 *m* Entfernung bereits 20″ aus). Der mittlere Fehler einer Richtung sollte daher der Distanz oder Seitenlänge s verkehrt proportional genommen werden, das Gewicht also dem Quadrat der Seitenlänge direkt proportional. Bedenkt man aber, daß der Ablesefehler von der Seitenlänge unabhängig ist, also von diesem Gesichtspunkte aus die Gewichte aller Richtungen gleich zu achten sind, so kann man der Vorschrift als einem plausiblen empirischen Verfahren zustimmen.

Die Ausgleichung der Koordinatenanschlußdifferenzen erfolgt proportional zur Länge der Polygonseiten, das heißt, die Gewichte sind den Seitenlängen verkehrt proportioniert, was dem Quadratwurzelgesetz entspricht.

Bei größerer Verschwenkung des Polygonzuges (60″—90″) sind die Seitenlängen mit gewissen Zahlen z zu multiplizieren, welche in der Verordnung empirisch durch die Formel $z_r = r\,(n - r)$ angegeben wird (r ist die Ordnungszahl der betreffenden Seite, n die Anzahl der Brechungswinkel). Durch diese Regel wird vermieden, daß der An- und der Abschluß winkel stark geändert wird, während die inneren Brechungswinkel fast ungeändert bleiben. Auf eine strenge Begründung kann aber die Formel für z_r keinen Anspruch erheben.

C. Messungslinien.

Von den Polygonpunkten aus werden Messungslinien festgelegt, welche als Abszissenachsen oder als Traversen für die Detailvermessung dienen. Wurden längs der Messungslinien Längen gemessen, so müßte die Summe dieser Teilstrecken mit der rechnungsmäßigen Länge der ganzen Messungslinie übereinstimmen. Die verbleibende Differenz wird im Verhältnisse der Längen der Teilstrecken verteilt, was ebenfalls dem Quadratwurzelgesetze entspricht. Nach diesem Grundsatze werden auch die Koordinatendifferenzen der eingeschalteten Punkte berechnet.

Im ganzen genommen, ist die Ausgleichung der Vermessungsresultate vom Netze vierter Ordnung angefangen bis zu Detailpunkten herab durchaus keine einheitliche. Man arbeitet auch hier vom Großen ins Kleine, indem man zuerst das Hauptnetz ausgleicht, dann Nebenpunkte einschaltet, Polygonzüge legt u. s. w., wobei man immer die ausgeglichenen Elemente einer höheren Kategorie als feststehende Werte betrachtet, wenn es sich darum handelt, die Elemente der niederen Kategorie auszugleichen. Obwohl dieses Verfahren gegen die Theorie verstößt, so bleibt es doch in der Praxis, welche sich notwendig mit Näherungsverfahren begnügen muß, das einzig verwendbare.

Tabelle.

Werte der Funktion $\Phi(h\,a) = \frac{1}{\sqrt{\pi}} \int_{-a}^{+a} e^{-(h\,v)^2}\, d(h\,v)$

h a	Φ (*h a*)	Diff.	*h a*	Φ (*h a*)	Diff.	*h a*	Φ (*h a*)	Diff.
0·00	0·0000	564	0·85	0·7707	262	1·70	0·9838	29
0·05	0·0564	561	0·90	0·7969	240	1·75	0·9867	24
0·10	0·1125	555	0·95	0·8209	218	1·80	0·9891	20
0·15	0·1680	547	1·00	0·8427	197	1·85	0·9911	17
0·20	0·2227	536	1·05	0·8624	178	1·90	0·9928	14
0·25	0·2763	523	1·10	0·8802	159	1·95	0·9942	11
0·30	0·3286	508	1·15	0·8961	142	2·00	0·9953	10
0·35	0·3794	490	1·20	0·9103	126	2·05	0·9963	7
0·40	0·4284	471	1·25	0·9229	111	2·10	0·9970	6
0·45	0·4755	450	1·30	0·9340	98	2·15	0·9976	5
0·50	0·5205	428	1·35	0·9438	85	2·20	0·9981	4
0·55	0·5633	406	1·40	0·9523	74	2·25	0·9985	4
0·60	0·6039	381	1·45	0·9597	64	2·30	0·9989	2
0·65	0·6420	358	1·50	0·9661	55	2·35	0·9991	2
0·70	0·6778	334	1·55	0·9716	47	2·40	0·9993	2
0·75	0·7112	309	1·60	0·9763	41	2·45	0·9995	1
0·80	0·7421	286	1·65	0·9804	34	2·50	0·9996	

Von hier an nähert sich Φ (*h a*) langsam der Einheit; für *h a* = 2·90 wird sie — auf 4 Dezimalen abgerundet — 1·0000. Der Unterschied zwischen zwei aufeinander folgenden Differenzen beträgt im Maximum 25 Einheiten der letzten Stelle (bei *h a* = 0·60). Bei geradliniger Interpolation wird also der größte Fehler von Φ (*h a*) ein achtel von 25, d. i. 3 Einheiten der letzten Stelle nicht übersteigen.

www.ingramcontent.com/pod-product-compliance
Lightning Source LLC
Chambersburg PA
CBHW071208050326
40689CB00011B/2280
* 9 7 8 1 1 4 1 1 8 8 8 8 8 *